El Currículo Creativo *para* educación preescolar

Guía de enseñanza

Estudio de los edificios

Kai-leé Berke, Carol Aghayan, Cate Heroman

TeachingStrategies® · Bethesda, MD

Edición de la versión en inglés: Lydia Paddock, Jayne Lytel
Diseño y diagramación: Jeff Cross, Amy Jackson, Abner Nieves
Traducción al español: Claudia Caicedo Núñez
Edición de la versión en español: Judith F. Wohlberg, Alicia Fontán
Diseño de la portada: Laura Monger Design

Teaching Strategies, LLC.
7101 Wisconsin Avenue, Suite 700
Bethesda, MD 20814

www.TeachingStrategies.com

978-1-60617-411-1

Library of Congress Cataloging-in-Publication Data

Berke, Kai-leé.
  [Creative curriculum for preschool teaching guide featuring the buildings study. Spanish]
  El currículo creativo para educación preescolar guía de enseñanza estudio de los edificios / Kai-leé
Berke, Carol Aghayan, Cate Heroman ; [Spanish translation, Claudia Caicedo Núñez].
    p. cm.
  ISBN 978-1-60617-411-1
1. Education, Preschool--Curricula--United States. 2. Buildings--Study and teaching (Preschool)--
United States. I. Aghayan, Carol. II. Heroman, Cate. III. Title.
  LB1140.4.B45318 2011
  372.21--dc22
              2011011538

Los nombres y los logotipos de Teaching Strategies, *The Creative Curriculum* son marcas registradas de Teaching Strategies, LLC, Bethesda, MD. Esta guía está basada en *The Creative Curriculum® Study Starters: Buildings*. Se ofrecen los nombres de las marcas de productos de otras compañías solamente para propósitos ilustrativos y no se requieren para la implementación del currículo.

2 3 4 5 6 7 8 9 10   20 19 18 17 16 15 14

Impreso y encuadernado en los Estados Unidos

Reconocimientos

Muchas personas contribuyeron a la creación de esta *Guía de enseñanza* y sus instrumentos de apoyo a la enseñanza. Queremos agradecer a Hilary Parrish por su orientación como directora editorial, a Jo Wilson por ayudarnos pacientemente a mantener el enfoque y a Hilary y Jan Greenberg por la revisión cuidadosa y detallada que hicieron del contenido, lo cual enriqueció el producto final.

Sherrie Rudick, Jan Greenberg y Larry Bram merecen un reconocimiento especial por crear la primera *Colección de literatura infantil* de Teaching Strategies. En conjunto con Q2AMedia, ellos crearon el concepto para cada libro y supervisaron el proceso de desarrollo de principio a fin. Su arduo trabajo, creatividad, paciencia y atención al detalle se hacen evidentes en el producto final.

Agradecemos a la doctora Lea McGee por su dirección, revisión y sugerencias para nuestras *Tarjetas: Hablemos de libros.* Con base en su investigación sobre estrategias de lectura en voz alta, Jan Greenberg y Jessika Wellisch crearon un conjunto de valiosas tarjetas de guía para comentar los libros.

Gracias a Heather Baker, Toni Bickart, y al doctor Steve Sanders por escribir más de 200 *Tarjetas de enseñanza intencional,* alineando cuidadosamente cada secuencia de enseñanza con la progresión del desarrollo correspondiente y asegurándose de que los niños reciban la instrucción individualizada que necesitan para tener éxito al aprender. Le agradecemos a Sue Mistrett por revisar cuidadosamente cada tarjeta y agregar estrategias para incluir a todos los niños.

Traducir *Mega Minutos* al español, asegurándose de que el texto fuera lingüística y culturalmente apropiado, no fue un trabajo fácil. Gracias a nuestro dedicado equipo de escritores y editores, incluyendo Spanish Educational Publishing, Dawn Terrill, Giuliana Rovedo y Mary Conte.

Gracias a nuestro magnífico equipo editorial: Toni Bickart, Lydia Paddock, Jayne Lytel, Diane Silver, Heather Schmitt, Heather Baker, Judy Wohlberg, Dawn Terrill, Giuliana Rovedo, Victory Productions, Elizabeth Tadlock, Reneé Fendrich, Kristyn Oldendorf y Celine Tobal, quienes revisaron, refinaron, cuestionaron y algunas veces reescribieron nuestro material, mejorando cada página que corrigieron.

Gracias a nuestro equipo de servicios gráficos por crear un diseño atractivo y accesible para nuestro contenido. Apreciamos profundamente la visión creativa de Margot Ziperman, Abner Nieves, Jeff Cross y Amy Jackson.

El Latino Advisory Committee merece nuestro gran aprecio por hacernos reflexionar continuamente en las formas de apoyar a los niños de habla hispana y por guiarnos a través del proceso del desarrollo. Gracias a la doctora Dina Castro, la doctora Linda Espinosa, Antonia Lopez, la doctora Lisa Lopez y la doctora Patton Tabors.

Queremos reconocer a Lilian Katz y Sylvia Chard por su estimulante trabajo sobre el tratamiento de proyectos, el cual enriqueció nuestras ideas sobre un currículo de calidad para niños pequeños.

Lo más importante de todo es que nada de esto habría sido posible sin la dirección visionaria de Diane Trister Dodge. Su hábil liderazgo y su dedicación a los niños pequeños y a sus familias es la fuente de inspiración de todo lo que hacemos en Teaching Strategies.

Contenido

Para comenzar

¿Por qué investigar los edificios?

Los niños pequeños expresan gran curiosidad acerca de los edificios. Ellos desean saber cómo son construidos y lo que hace la gente adentro. Es posible que usted haya visto a un niño embelezado con una máquina de una construcción que desplaza enormes pilas de tierra o que levanta por el aire una viga de acero.

Los edificios están en todas partes en nuestra comunidad y varían en cuanto al tamaño, el color, el estilo, los materiales, la función y la ubicación. Diariamente, los niños entran y salen de edificios al regresar a casa, al pasar tiempo en otras viviendas, al ir a la escuela y al visitar sitios comerciales. En ocasiones, ellos ven edificios que están siendo construidos, reparados o derrumbados.

Este estudio ofrece a los niños múltiples oportunidades de explorar edificios de manera directa. Así podrán ampliar su conocimiento y comprensión de los materiales de construcción y de las fuerzas físicas. Además, podrán explorar conceptos de los estudios sociales y sobre el refugio, el empleo y los propósitos de diferentes estructuras.

> ¿Cómo expresan los niños en su salón el interés en los edificios? ¿Qué dicen acerca de los edificios?

Red de investigaciones

En la *Guía de enseñanza: Estudio de los edificios* se incluyen cinco investigaciones dirigidas a explorar este tema. Las investigaciones ofrecen a los niños una oportunidad de aprender más sobre las características y los elementos de los edificios, las personas que los construyen y el papel que los edificios tienen en nuestras comunidades.

Algunas de las investigaciones incluyen también visitas de los niños a lugares especiales y de personas invitadas a hablar con los niños. Cada investigación ayuda a los niños a explorar las ciencias y los estudios sociales, y fortalece sus destrezas en lectoescritura, matemáticas, tecnología y arte. Amplíe esta red agregando sus propias ideas, particularmente sobre los aspectos del tema que sean exclusivos para su comunidad.

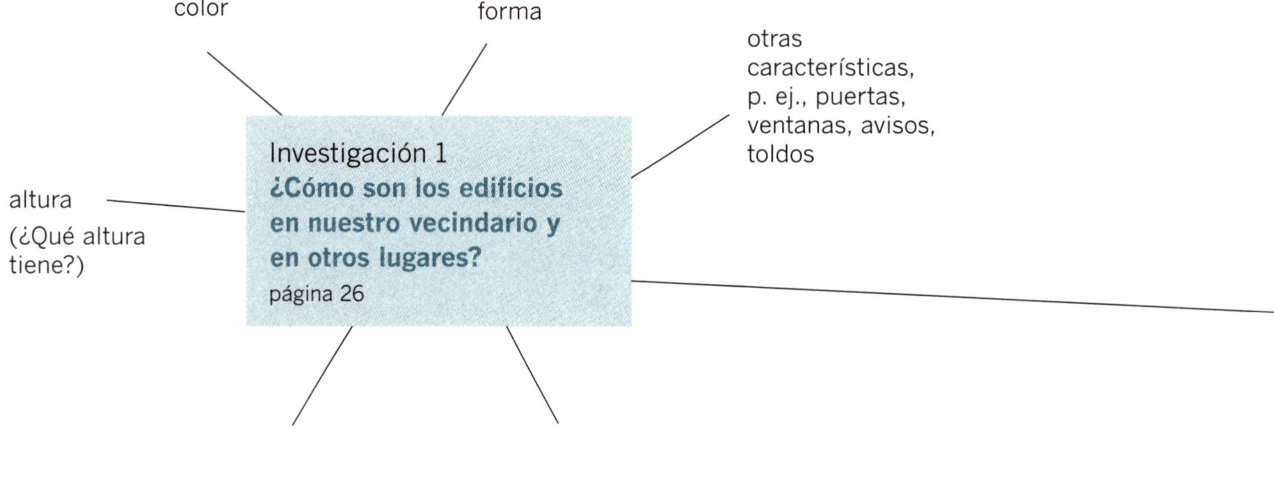

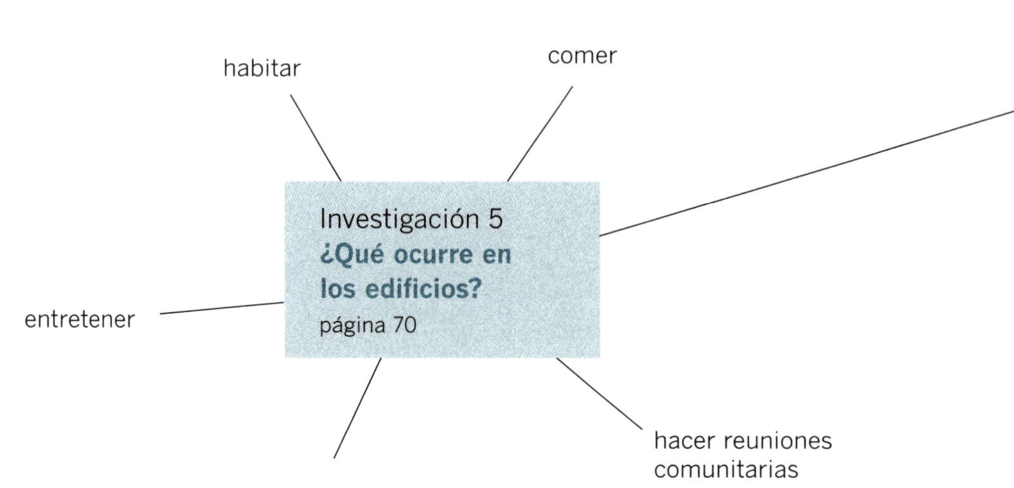

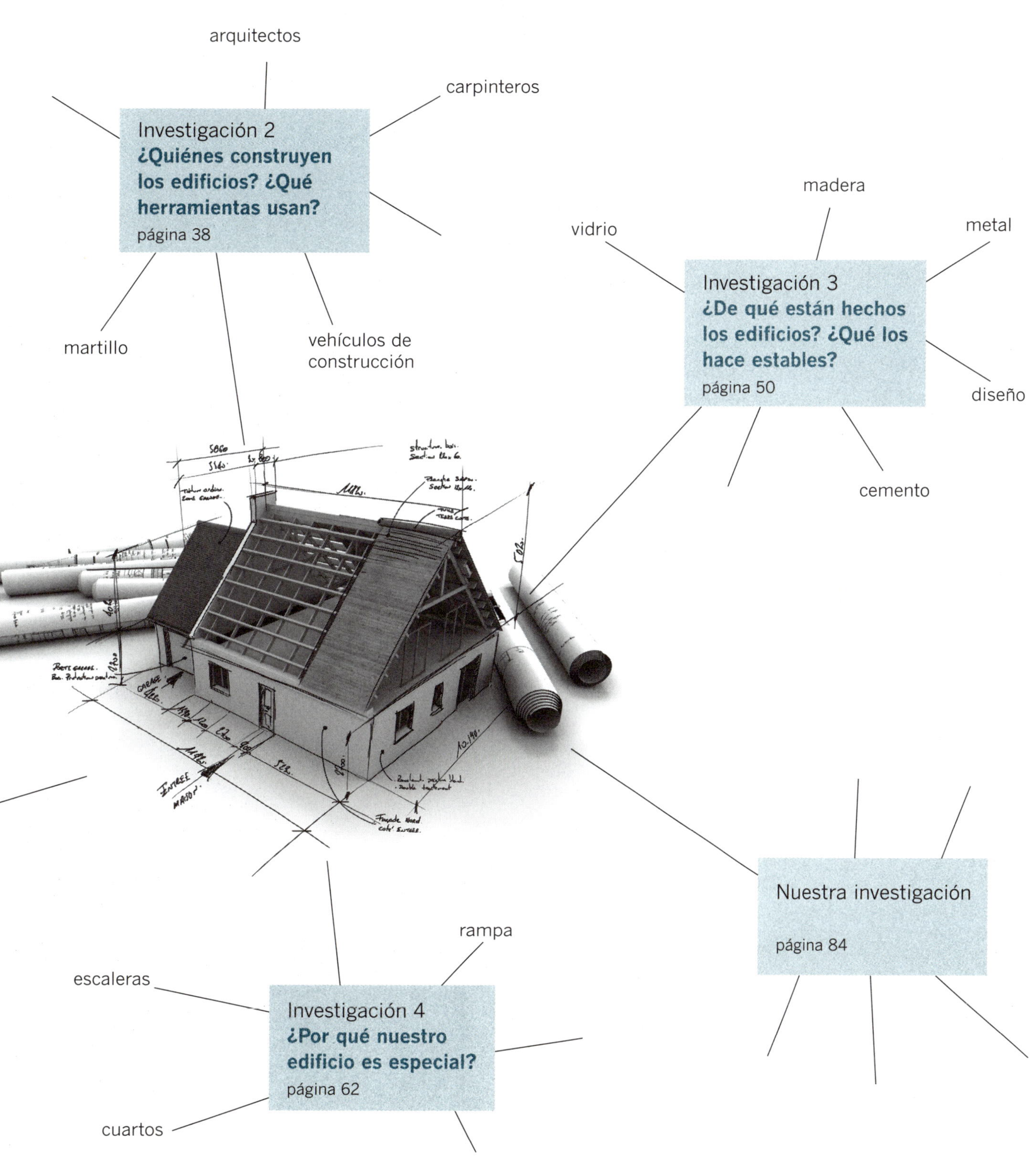
arquitectos
carpinteros
madera
vidrio
metal
Investigación 2
¿Quiénes construyen
los edificios? ¿Qué
herramientas usan?
página 38
Investigación 3
¿De qué están hechos
los edificios? ¿Qué los
hace estables?
página 50
martillo
vehículos de
construcción
diseño
cemento
Nuestra investigación
página 84
rampa
escaleras
Investigación 4
¿Por qué nuestro
edificio es especial?
página 62
cuartos

Carta a las familias

Envíe una carta a las familias para informarles sobre el estudio. Use la carta para comunicarse y como una oportunidad para invitarlas a participar.

Apreciadas familias:

Cuando estamos al aire libre, los niños a menudo hacen preguntas acerca de los edificios. Ellos desean saber la altura del edificio escolar, de qué está hecho y qué tan estable es. Además hacen preguntas acerca de cómo son. Por eso creemos que los edificios serían un buen tema de estudio.

Para poder comenzar el estudio estamos reuniendo toda clase de imágenes de edificios. Para hacer nuestra colección necesitamos de su ayuda. Si pueden colaborar, les agradeceríamos que nos envíen fotos, ilustraciones o imágenes de periódicos o revistas, postales, imágenes descargadas de internet y fotos de su familia. También sería maravilloso si pudiéramos incluir imágenes de edificios de otras partes del mundo. A continuación, les ofrecemos una lista de sugerencias, pero siéntanse libres de enviar imágenes de otros edificios que no estén en la lista. Las cuidaremos bien, para poder devolvérselas al final del estudio.

casas	hostales	oficinas del correo	auditorios
apartamentos	edificios de oficinas	supermercados	museos
graneros		bibliotecas	estacionamientos
cobertizos	escuelas	restaurantes	estaciones de gasolina
castillos	tiendas	hospitales	
cabañas	iglesias	fábricas	talleres de mecánica
chozas	sinagogas	rascacielos	edificios del gobierno
hoteles–moteles	mezquitas	teatros	centros comunitarios

Al estudiar los edificios aprenderemos conceptos y desarrollaremos destrezas en lecto-escritura, matemáticas, ciencia, estudios sociales, artes y tecnología. Además, desarrollaremos destrezas de razonamiento al investigar, hacer preguntas, resolver problemas, hacer predicciones y comprobar nuestras ideas.

Qué se puede hacer en el hogar

Hablen con los niños acerca de su casa o apartamento. ¿Qué materiales fueron usados para construirla? ¿Cuántos pisos o niveles tiene? ¿Cuántas habitaciones, ventanas y puertas tiene su vivienda? No olvide el sótano, si su casa tiene uno. ¿Cuántos años hace que fue construida? ¿Quién la construyó? ¿Qué dimensiones tiene?

Hablen con los niños acerca de los edificios que vean. Mantengan una lista de los edificios que les interesen a sus niños. Ayúdenles a investigar preguntas que tengan similares a las antes mencionadas.

Al finalizar nuestro estudio, tendremos un evento especial para mostrarles lo que aprendimos. De antemano agradecemos su participación y su importante rol en nuestro aprendizaje.

A Letter to Families

Send families a letter introducing the study. Use the letter to communicate with families and as an opportunity to invite their participation in the study.

Dear Families,

When we are outside, children often ask questions about our building. They want to know the height of the school building, what it's made of, and how strong it is. They also ask many questions about the way it looks. Their ongoing interest in our building helped us realize that buildings would make a good study topic.

To get the study started, we are gathering all sorts of pictures of buildings. We could really use your help! We welcome pictures from any source, such as newspapers or magazines, postcards, printouts from the Internet, and your family's photo collection. It would be wonderful if you could include pictures of buildings in other parts of the world, too. Here's a list of suggestions, but you may also send in pictures of buildings that are not on the list.

houses	yurts	mosques	concert halls
apartments	shacks	post offices	museums
barns	hotels–motels	supermarkets	parking garages
sheds	inns	libraries	gas stations
castles	office buildings	restaurants	mechanic shops
cottages	schools	hospitals	government
cabins	stores	factories	buildings
bungalows	churches	skyscrapers	community centers
huts	synagogues	theaters	

As we study buildings, we will learn concepts and skills in science, social studies, literacy, math, the arts, and technology. We will also be using thinking skills to investigate, ask questions, solve problems, make predictions, and test our ideas.

What You Can Do at Home

Study your house or apartment building with your child. What materials were used to build it? How many floors or stories does it have? How many rooms, windows, and doors does it have? Don't forget the basement if you have one! How old is your home? Who built it? What are its dimensions?

Talk with your child about the buildings that you see together. Keep a list of the buildings that interest your child. Help your child investigate questions similar to the ones we mentioned above.

At the end of our study, we will have a special event to show you what we've learned. Thank you for playing an important role in our learning.

Inicio del estudio

Presentación del tema

Para comenzar este estudio, explore el tema con los niños para responder a las siguientes preguntas: ¿Qué sabemos acerca de los edificios? ¿Qué queremos averiguar acerca de los edificios?

Comience reuniendo imágenes de distintos tipos de edificios que vayan a usar a lo largo del estudio. Las imágenes mostrarán la parte exterior de los edificios. Pida a los niños, las familias y amigos que le ayuden a crear una colección que incluya imágenes de edificios de otras partes del mundo que sean diferentes a los que hay en la comunidad donde viven los niños. Al comienzo de esta *Guía de enseñanza* hemos incluido una carta de muestra para enviar a las familias con el fin de recolectar imágenes. En el cuadro azul más abajo se ofrecen algunas sugerencias para reunir distintos tipos de imágenes.

Dele a cada niño la imagen de un edificio. Caminen alrededor de la escuela o del edificio de su programa educativo y anime a los niños a pensar en las diferencias y semejanzas entre los edificios en sus imágenes y la escuela. Más adelante en el estudio, ustedes podrán enfocarse en la parte interior de los edificios.

Averigüe si los niños tienen parientes que trabajan en el área de la construcción, por ejemplo, obreros(as), pintores(as), arquitectos(as), plomeros(as), electricistas o inspectores(as). En tal caso, pídale a alguno de ellos que visite el salón para hablar con los niños acerca de su trabajo.

> **¿Qué preguntas de respuesta abierta o qué preguntas indirectas podría hacer usted para estimular a los niños a que hablen sobre los edificios?**

casas	edificios de oficinas	bibliotecas	estaciones de gasolina
apartamentos	escuelas	restaurantes	talleres de mecánica
graneros	tiendas	hospitales	edificios del gobierno
cobertizos	iglesias	fábricas	
castillos	sinagogas	rascacielos	centros comunitarios
cabañas	mezquitas	teatros	
chozas	oficinas del correo	auditorios	
hoteles/moteles	supermercados	museos	
hostales		estacionamientos	

Preparación para las Experiencias sorprendentes

En las páginas de "Un vistazo" se incluyen estas de "Experiencias sorprendentes" para las cuales se requiere planificación anticipada.

Exploración del tema:	Día 2: Una salida a caminar alrededor de la escuela
Investigación 1:	Día 2: Caminar alrededor del vecindario para mirar distintos edificios
Investigación 2:	Día 2: Visita de alguien que trabaje en el área de la construcción

Si es posible, programe una visita al sitio de una construcción. Este tipo de visita requiere cierta planificación por adelantado debido a las precauciones que deben tomarse relacionadas con la seguridad. Si hay alguna obra en construcción cerca, pregúntele al supervisor de la obra si los niños pueden observar el trabajo desde la acera de enfrente. Asegúrese de que los niños puedan sentarse en un lugar seguro.

Investigación 3:	Día 2: Caminar alrededor del vecindario para investigar los materiales usados en la construcción de edificios vecinos e identificar algún posible problema

Si puede, programe una visita a un edificio alto. Trate de entrevistar al arquitecto o al ingeniero. Si estas personas no están disponibles, trate de entrevistar al administrador del edificio o al encargado de su mantenimiento.

Investigación 4:	Día 1: Caminar por el edificio escolar
	Día 2: Investigar en detalle una característica interesante de la escuela
	Día 3: La visita de alguien que ayude a mantener el edificio
Investigación 5:	Día 2: Visita de un(a) vecino(a)
	Día 3: Visita a otro edificio del vecindario
Celebración de lo aprendido:	Día 2: Celebración del estudio de los edificios

Exploración del tema

¿Qué sabemos acerca de los edificios? ¿Qué queremos averiguar?

	Día 1	Día 2	Día 3
Áreas de interés	**Biblioteca:** libros sobre la edificación y la construcción **Bloques:** imágenes de edificios **Computadoras:** la versión electrónica de *Los tres cerditos*	**Arte:** imágenes de edificios **Computadoras:** la versión electrónica de *Los tres cerditos*	**Juguetes y juegos:** distintas clases de bloques conectables
Pregunta del día	¿Qué edificio te gusta más? (Muestre dos imágenes de edificios).	¿Qué usarían para construir su casa: paja, palos o ladrillos?	¿Cuántas puertas hay en nuestro salón?
Todo el grupo	**Canción:** "Canta conmigo" **Comentarios y escritura compartida:** Mirar edificios **Materiales:** Mega Minutos 14, "Canta conmigo"; imágenes de edificios	**Juego:** De viaje **Comentarios y escritura compartida:** Explorar nuestro edificio **Materiales:** Mega Minutos 63, "De viaje"; foto del edificio de la escuela; Enseñanza Intencional LL45, "Dibujos de lo observado"; tablillas pequeñas con sujetapapeles; rotuladores con punta de fieltro, de color negro	**Poema:** "Tan alto como yo" **Comentarios y escritura compartida:** Partes de los edificios **Materiales:** Mega Minutos 49, "Lo mismo que yo"; bloques pequeños o bloques conectables; lista "¿Qué sabemos acerca de los edificios?"; imágenes de edificios
Lectura en voz alta	*Los tres cerditos*	*Los tres cerditos* ejemplos de paja, palos y ladrillos	*Cambios, cambios*
Grupos pequeños	**Opción 1: Más o menos torres** Enseñanza Intencional M59, "Más o menos torres"; cubos interconectables; flecha giratoria con más–menos; tarjetas con números o dado **Opción 2: ¿Cuál tiene más?** Enseñanza Intencional M19, "¿Cuál tiene más?"; cubetas de hielo o cajas de huevos; bolsitas sellables; colección de objetos que sean de tamaño similar	**Opción 1: La hora de comer** Enseñanza Intencional M01, "La hora de comer"; platos, vasos y cubiertos de papel o de plástico; servilletas; individuales **Opción 2: Vamos a pescar** Enseñanza Intencional M39, "Vamos a pescar"; cañas de pescar para niños; baraja con imágenes de peces; ganchos sujetapapeles	**Opción 1: Contar y comparar** Enseñanza Intencional M02, "Contar y comparar"; imágenes de edificios; cartulina **Opción 2: Contar y Comparar** Enseñanza Intencional M02, "Contar y Comparar"; imágenes de edificios; cámara digital; cartulina
Mega Minutos	Mega Minutos 47, "Un paso adelante" lista hecha durante el periodo con todo el grupo	Mega Minutos 57, "Letra y sonido"; tarjetas de letras	Mega Minutos 03, "Pantalones rojos"; Mega Minutos 08, "Palmadas y palabras"

Día 4	Día 5
Bloques: imágenes de edificios **Computadoras:** la versión electrónica de *Los tres cerditos*	**Arte:** revistas con imágenes de edificios; tijeras **Computadoras:** la versión electrónica de *Los tres cerditos*
¿Cuántas ventanas hay en nuestro salón?	¿Qué quieren saber acerca de los edificios?
Movimiento: Patinaje **Comentarios y escritura compartida:** Qué sabemos acerca de los edificios **Materiales:** imagen de una pista de patinaje en hielo o sobre ruedas; papel de cera; lista "¿Qué sabemos acerca de los edificios?"; imágenes de edificios	**Poema:** "Tan alto como yo" **Comentarios y escritura compartida:** ¿Qué queremos averiguar? **Materiales:** Mega Minutos 49, "Lo mismo que yo"; lista "¿Qué queremos averiguar acerca de los edificios?"; imágenes de edificios
Los tres cerditos	*Cuenta, cuenta*
Opción 1: Tarjetas de letras Enseñanza Intencional LL03, "Tarjetas de letras"; tarjetas de letras; objetos pequeños manipulables **Opción 2: Tesoros ocultos** Enseñanza Intencional LL21, "Tesoros escondidos"; letras magnéticas; imán grande; regla u objeto similar; mesa de arena con agua	**Opción 1: Relatos dramatizados** Enseñanza Intencional LL06, "Relatos dramatizados"; *Los tres cerditos*; accesorios reunidos el día anterior durante la lectura en voz alta **Opción 2: Cuelga cuentos** Enseñanza Intencional LL33, "Cuelga cuentos"; *Los tres cerditos*; material para laminar o papel adhesivo transparente; 6 pies de cuerda; pinzas de madera; estrella de papel; bolsa sellable
Mega Minutos 39, "Aplanado o inflado"	Mega Minutos 15, "Tin, marín de do pingüé"; tarjetas de números

Dedique tiempo para…

Experiencias al aire libre

Bloques grandes para usar en el exterior

- Lleve al aire libre algunos bloques grandes de construcción o bloques huecos.
- Invite a los niños a usarlos para construir edificios.
- Proporcione cajas vacías de cartón o cajones de embalaje si no tiene bloques grandes.

Ejercicio divertido

- Consulte Enseñanza Intencional P21, "Saltar", y siga la orientación ofrecida en la tarjeta.

Colaboración con las familias

- Envíe a las familias una carta para informarles sobre el estudio.
- Invite a las familias a contribuir con imágenes de edificios de sus vecindarios.
- Pregunte a los parientes si desean ofrecerse para acompañar al grupo a caminar por el vecindario durante la primera investigación.
- Sugiera a las familias que lean y discutan con sus niños las versiones electrónicas de *Los tres cerditos* y *Cuenta, cuenta*

Niños que aprenden una segunda lengua
A causa de las diferencias lingüísticas y culturales, construir relaciones con las familias de los niños puede requerir tiempo adicional. Sin embargo, estas relaciones son fundamentales para poder comprender diferencias culturales y ayudar a las familias a entender la cultura nueva, tal vez desconocida, del salón de clase.

Experiencias sorprendentes

- Día 2: Una salida a caminar alrededor de la escuela

¿Qué sabemos acerca de los edificios? ¿Qué queremos averiguar?

Vocabulario

Español: *derrumbarse, edificios*

Inglés: *collapse, buildings*

Todo el grupo

Rutina inicial

- Canten una bienvenida y hablen de quiénes están presentes.

> **Consulte *Para comenzar el año* para obtener más información e ideas sobre cómo planificar sus rutinas para los primeros días. Consulte Enseñanza Intencional SE02, "¡Mira quién está aquí!" para obtener ideas sobre la lista de asistencia.**

Canción: "Canta conmigo"

- Use Mega Minutos 14, "Canta conmigo".

- Haga la variación de la aliteración que está en el reverso de la tarjeta. Invite a los niños a tomar la iniciativa.

Comentarios y escritura compartida: Mirar edificios

- Repase la pregunta del día, que se encuentra en la gráfica "Un vistazo".

- Reúna varias imágenes de edificios.

- Pase la colección de imágenes y diga, "Todas estas son imágenes de *edificios*".

- Pídale a cada niño que seleccione una imagen.

- Invíteles a hablar de lo que noten al mirar las imágenes de edificios.

Antes de hacer la transición a las áreas de interés, describa los libros sobre la edificación y la construcción disponibles en el área de biblioteca y mencione cómo podrían usarlos.

Hora de escoger

Al interactuar con los niños en las áreas de interés, dedique tiempo a:

- Mirar con los niños libros de edificios y construcción en el área de biblioteca. Preste atención a lo que despierte el interés de los niños.

- Observar las construcciones hechas en el área de bloques. Sugiérales que comparen las estructuras que hagan con las imágenes seleccionadas ese día con todo el grupo.

- Escuchar lo que ya saben acerca de los edificios y qué más les interesa averiguar. Escriba lo que digan y hagan.

Lectura en voz alta

Lea el cuento *Los tres cerditos.*

- **Antes de leer**, pregunte, "¿Quién sabe algo acerca de este cuento?"
- **Mientras lee**, introduzca el término *derrumbarse* al hablar de la casa de los cerditos.

- **Después de leer**, hable de los personajes del cuento, los problemas que afrontaron y la solución del tercer cerdito al problema. Diga a los niños que la version electrónica estará disponible en la computadora.

Grupos pequeños

Opción 1: Más o menos torres

- Consulte Enseñanza Intencional M59, "Más o menos torres", y siga la orientación ofrecida en la tarjeta.

Opción 2: ¿Cuál tiene más?

- Consulte Enseñanza Intencional M19, "¿Cuál tiene más?", y siga la orientación ofrecida en la tarjeta.

> **Los niños aprenden a temprana edad a comparar cantidades y usar la palabra *más*. Sin embargo, las palabras *un poco menos* y *menos* rara vez son parte del vocabulario diario. Asegúrese de utilizar estos términos intencionalmente a medida que los niños participen en las rutinas diarias y las experiencias en clase.**

Mega Minutos

- Use Mega Minutos 47, "Un paso adelante".

- Haga la variación del sonido de la letra que está en el reverso. Ofrezca apoyo cuando sea necesario.

Reunión final

- Recuerde los eventos del día.
- Invite a los niños que hayan mirado libros de edificación y construcción durante la hora de escoger actividades a compartir con el resto del grupo lo que hayan aprendido o disfrutado de los libros.

¿Qué sabemos acerca de los edificios?
¿Qué queremos averiguar?

Vocabulario

Español: *inspiración*

Inglés: *inspiration*

Todo el grupo

Rutina inicial

- Canten una bienvenida y hablen de quiénes están presentes.

Niños que aprenden una segunda lengua
Los niños que están aprendiendo una segunda lengua deben ganar fluidez tanto en el lenguaje social como académico para tener éxito en la escuela. El lenguaje social permite que los niños interactúen con eficacia con los demás y hagan amigos. El lenguaje académico les permite entender los conceptos y explicar sus razonamientos.

Juego: De viaje

- Repase Mega Minutos 63, "De viaje", y siga la orientación ofrecida en la tarjeta.

Comentarios y escritura compartida: Explorar nuestro edificio

- Muestre una foto de su escuela o centro educativo. Pregunte, "¿Quién sabe qué es este edificio?"

- Escriba las respuestas ofrecidas. Diga que la foto muestra su escuela.

- Explique, "Hoy vamos a caminar alrededor de la escuela para mirar el exterior".

- Señale algo del edificio que le interese ver, p. ej., diga, "Me interesa mirar el techo para ver de qué está hecho".

- Pregunte, "¿Qué partes del edificio les interesa ver?"

- Consulte Eseñanza Intencional LL45, "Dibujos de lo observado". Siga la orientación ofrecida en la tarjeta e invite a los niños a dibujar lo que observen del edificio.

Deles suficiente tiempo para explorar el edificio y dibujarlo.

Antes de hacer la transición a las áreas de interés, hable de las imágenes de edificios disponibles en el área del arte. Coménteles cómo pueden usar las imágenes como *inspiración* al pintar en el caballete.

Hora de escoger

Al interactuar con los niños en las áreas de interés, dedique tiempo a:

- Invitar a los niños a que miren imágenes de edificios antes de comenzar a pintar. Explíqueles lo que significa la palabra *inspiración*.

- Hablar con ellos de lo que pinten. Hágales preguntas sobre sus elecciones e ideas.

Exhiba los dibujos de los niños y las imágenes de edificios que los hayan inspirado.

Lectura en voz alta

Lea el cuento *Los tres cerditos*.

- **Antes de leer**, recuerde los comentarios hechos el día anterior acerca de los personajes, el problema y la solución.

- **Mientras lee**, repase la pregunta del día.

- **Después de leer**, muéstreles ejemplos de paja, palos y ladrillo, y pregunte: "¿Qué notan al mirar estos tres materiales de construcción?" Escriba las respuestas ofrecidas.

Niños que aprenden una segunda lengua
Tenga disponibles imágenes o muestras de paja, palos y ladrillos de manera que los niños que todavía no hablan con fluidez en la segunda lengua puedan responder a la pregunta del día señalando los materiales de construcción.

Grupos pequeños

Opción 1: La hora de comer

- Consulte Enseñanza Intencional M01, "La hora de comer", y siga la orientación ofrecida en la tarjeta.

Opción 2: Vamos a pescar

- Consulte Enseñanza Intencional M39, "Vamos a pescar", y siga la orientación ofrecida en la tarjeta.

Mega Minutos

- Use Mega Minutos 57, "Letra y sonido".

Reunión final

- Recuerde los eventos del día.

- Invite a quienes hayan dibujado durante la hora de escoger actividades a compartir su trabajo con el grupo.

- Comente la salida a caminar que hicieron alrededor de la escuela.

- Invite a los niños a que le ayuden a exhibir sus dibujos de lo observado.

¿Qué sabemos acerca de los edificios?
¿Qué queremos averiguar?

Vocabulario

Español: *sin palabras*

Inglés: *wordless*

Todo el grupo

Rutina inicial

- Canten una bienvenida y hablen de quiénes están presentes.

Poema: "Tan alto como yo"

- Use Mega Minutos 49, "Lo mismo que yo". Haga la variación de los edificios que está en el reverso de la tarjeta.

Comentarios y escritura compartida: Partes de los edificios

- Repase la pregunta del día.

- Ofrezca suficientes bloques pequeños o bloques conectables para trabajar en parejas.

- Sugiérales que trabajen con alguien más para construir un edificio. Exhiba unas cuantas imágenes de edificios para que las usen como fuente de inspiración.

- Después de varios minutos, pregunte, "¿Qué pueden decirme acerca de su edificio? ¿Cuáles son las distintas partes de su edificio? ¿Cuántas ventanas tiene?"

- Escriba las ideas en una lista titulada "¿Qué sabemos acerca de los edificios?".

Niños que aprenden una segunda lengua
Preguntar el número de ventanas o puertas en un edificio es una buena manera de enseñar palabras sobre números en la segunda lengua y en otros idiomas hablados por los niños. Cuando alguien responda diciendo un número, invite al grupo a repetir ese número en el idioma que usó el niño.

Antes de hacer la transición a las áreas de interés, hable de los bloques conectables disponibles en el área de juguetes y juegos y mencione cómo usarlos.

Hora de escoger

Al interactuar con los niños en las áreas de interés, dedique tiempo a:

- Hablar acerca de los edificios. Hágales preguntas acerca de las elecciones que hagan.

- Prestar atención para averiguar qué saben ya acerca de los edificios y escribirlo en la lista "¿Qué sabemos acerca de los edificios?"

- Asignar un lugar seguro en el salón donde puedan exhibir las construcciones.

Lectura en voz alta

Lea el libro *Cambios, cambios.*

- **Antes de leer**, dígales el título y muestre la cubierta del libro. Pregunte, "¿De qué creen que se trata este libro?"

- **Mientras lee**, haga notar que el libro no tiene palabras. Cuente el cuento describiendo lo que ocurre en las ilustraciones.

- **Después de leer**, recuerde las predicciones que habían hecho y comenten si fueron correctas.

> **Los libros sin palabras fomentan que los niños usen la imaginación para contar el cuento. Incluir libros sin palabras en el área de biblioteca es ideal para los parientes que hablan un(os) idioma(s) diferente(s) al idioma en que están escritos la mayoría de los libros del salón de clase o que, como tienen destrezas de lectura limitadas, se sienten incómodos leyendo en voz alta.**

Grupos pequeños

Opción 1: Contar y comparar

- Consulte Enseñanza Intencional M02, "Contar y comparar".

- Siga la orientación ofrecida en la tarjeta usando la colección de imágenes de edificios.

Opción 2: Contar y comparar

- Consulte Enseñanza Intencional M02, "Contar y comparar".

- Salgan a mirar el exterior de su edificio y tomen fotos. Incluya características sencillas como las ventanas, las puertas, las escaleras y las luces exteriores.

- Siga la orientación ofrecida en la tarjeta para contar y comparar las características de su edificio.

Mega Minutos

- Use Mega Minutos 03, "Pantalones rojos" y Mega Minutos 08, "Palmadas y palabras". Siga la orientación ofrecida en las tarjetas.

Reunión final

- Recuerde los eventos del día.

- Invite a los niños que hayan construido edificios durante la hora de escoger actividades a compartir su trabajo con el resto del grupo.

¿Qué sabemos acerca de los edificios? ¿Qué queremos averiguar?

Vocabulario

Español: *patinar, elevador*

Inglés: *skate, elevator*

Todo el grupo

Rutina inicial

- Canten una bienvenida y hablen de quiénes están presentes.

Movimiento: Patinaje

- Muestre una imagen de una pista de patinaje en hielo o sobre ruedas.

- Pregunte, "¿Qué creen ustedes que ocurre en este edificio?"

- Proporcione a los niños dos pedazos de papel de cera que sean un poco más grandes que sus pies.

- Explique, "Hagamos de cuenta que estamos en este edificio. Hagamos de cuenta también que estos pedazos de papel de cera son nuestros patines. Parémonos en nuestros patines. Tratemos de *patinar* por el salón. Mantengan los pies en los patines mientras se deslizan".

- Continúe invitando a los niños a patinar.

- Pídales que boten el papel de cera cuando terminen de usarlo.

> **Los patines de papel de cera funcionan en cualquier tipo de piso liso como alfombra, madera o laminados. El papel de cera es algo resbaloso, por eso, recuérdeles a los niños que tengan cuidado.**

Comentarios y escritura compartida: ¿Qué sabemos acerca de los edificios?

- Repase con los niños la lista titulada "¿Qué sabemos acerca de los edificios?".

- Pase la colección de imágenes de edificios para que el grupo la vea.

- Pregunte, "¿Qué más sabemos acerca de los edificios?"

- Escriba las ideas ofrecidas.

- Ayúdeles a verbalizar sus ideas. Diga, por ejemplo, "Gabriel, tú dijiste que un edificio alto probablemente tiene un *elevador*. ¿Todos los edificios tienen *elevadores*? Algunos edificios tienen *elevadores* y otros no. Escribamos eso en nuestra lista".

- Repase la pregunta del día. Anime a los niños a pensar en otras características que ya conozcan de los edificios.

Antes de hacer la transición a las áreas de interés, explique, "Tenemos una gran colección de imágenes de edificios. Necesito su ayuda para organizar las imágenes de manera que podamos colgarlas en el área de bloques".

Hora de escoger

Al interactuar con los niños en las áreas de interés, dedique tiempo a:

- Clasificar con los niños la colección de imágenes de edificios.

- Preguntar, "¿Cómo podemos clasificar estas imágenes? ¿En qué se parecen algunos de los edificios? ¿En qué se diferencian?"

- Hacer otras preguntas que les animen a descubrir y explicar categorías.

Lectura en voz alta

Lea el cuento *Los tres cerditos.*

- **Antes de leer**, diga, "Ustedes ya saben mucho acerca de este cuento".

- **Mientras lee**, haga pausas después de leer unas cuantas páginas y anime a los niños a relatar de nuevo las siguientes páginas.

- **Después de leer**, pregunte, "Si representáramos este cuento, ¿qué clase de cosas necesitaríamos?" Escriba las ideas ofrecidas y ayúdeles a reunir los materiales.

Niños que aprenden una segunda lengua
Para animar a todos los niños a ofrecer comentarios, tenga a su alcance muestras o ilustraciones de los materiales para que los niños que están aprendiendo una segunda lengua que aún no dominan esa lengua puedan señalar sus opciones en vez de nombrarlas.

Grupos pequeños

Opción 1: Tarjetas de letras

- Consulte Enseñanza Intencional LL03, "Tarjetas de letras", y siga la orientación ofrecida en la tarjeta.

Opción 2: Tesoros escondidos

- Consulte Enseñanza Intencional LL21, "Tesoros escondidos", y siga la orientación ofrecida en la tarjeta.

Mega Minutos

- Use Mega Minutos 39, "Aplanado o inflado". Siga la orientación ofrecida en la tarjeta y anime a los niños a imaginar que su cuerpo es un elevador.

- Explique: "Ahora estamos en el primer piso. Bajen su cuerpo hasta el suelo, así estarán en el primer piso. Ahora, alguien presiona el número 2. Subamos al segundo piso".

Los términos *primero, segundo* y *tercero* son números ordinales, es decir, números utilizados para describir la posición en una secuencia ordenada. La mayoría de niños pequeños entienden el concepto de *primero.* Para ellos, otros números ordinales son más difíciles de aprender.

Reunión final

- Recuerde los eventos del día.

- Invite a los niños que hayan clasificado las imágenes de edificios a que describan lo exhibido en el área de bloques.

¿Qué sabemos acerca de los edificios? ¿Qué queremos averiguar?

Vocabulario

Español: *investigar*

Inglés: *investigate*

Todo el grupo

Rutina inicial

- Canten una bienvenida y hablen de quiénes están presentes.

Poema: "Tan alto como yo"

- Use Mega Minutos 49, "Lo mismo que yo".

- Siga la orientación ofrecida en la tarjeta, usando la variación de los edificios que está en el reverso.

Comentarios y escritura compartida: ¿Qué queremos averiguar acerca de los edificios?

- Diga, "Ya sabemos mucho acerca de los edificios. Pensemos ahora en lo que queremos averiguar. ¿Qué preguntas les gustaría *investigar*?"

- Repase la pregunta del día. Escriba las respuestas dadas por los niños en una lista titulada "¿Qué queremos averiguar acerca de los edificios?"

- Demuestre el proceso de hacer preguntas. Muestre por ejemplo una imagen de un edificio alto y piense en voz alta, "¿Cómo pudo alguien construir un edificio tan grande?" Usted también podría narrar una historia personal de alguna ocasión en la que haya tenido, por ejemplo, un techo con goteras y decir, "¿Cómo creen que se arregló el techo?"

- Escriba cualquier pregunta adicional que los niños deseen investigar.

- Ayúdeles a formular preguntas. Si una niña dice, por ejemplo, "Mi casa tiene un sótano. No sé cómo la casa se subió encima", usted podría decir, "Manuela, creo que te estás preguntando cómo se construyen los edificios sobre los sótanos. Voy a escribir en nuestra lista, "¿Cómo se construyen los edificios con sótanos?"

Antes de hacer la transición a las áreas de interés, describa las revistas disponibles en el área del arte y mencione que pueden recortar las imágenes de edificios que encuentren en ellas.

Hora de escoger

Al interactuar con los niños en las áreas de interés, dedique tiempo a:

- Mirar revistas con los niños.

- Hacerles preguntas y animarlos a describir las imágenes que encuentren.

- Invitarlos a recortar imágenes y agregarlas a la exhibición en el área de bloques.

- Ofrecerles ayuda para pegar con cinta algunas imágenes en los bloques para que los usen en sus construcciones.

Use cualquier oportunidad para observar la habilidad que tiene cada niño usando las tijeras y recortando con precisión. Si tienen dificultad usando las tijeras, ofrézcales oportunidades de fortalecer las manos, p. ej., apretar plastilina, tijeretear papeles de distintos grosores, participar en juegos con los dedos que requieran abrir y cerrar las manos, y apretar pinzas de colgar ropa o esponjas.

Lectura en voz alta

Lea el cuento *Cuenta, cuenta.*

- **Antes de leer**, diga a los niños el título del libro y muestre la cubierta. Pregunte, "¿De qué creen que trata este libro?"

- **Mientras lee**, invite a los niños a identificar el número y a contar los edificios, vehículos, personas, árboles, etc., que hay en la ilustración de cada página. Señale que, a medida que el número aumenta de uno en uno aumenta en uno la cantidad de edificios, vehículos, etc.

- **Después de leer**, pregunte a los niños, "¿Qué más pueden contar hasta 10 (dedos de las manos, dedos de los pies, zapatillas, crayones, etc.)?"

Niños que aprenden una segunda lengua
Cuente en las lenguas que se hablan en los hogares de los niños, y también en la lengua que se habla en el salón. Esto ayuda a que los niños que están aprendiendo una segunda lengua se sientan incluidos y presenta nuevos idiomas a los otros niños

Grupos pequeños

Opción 1: Relatos dramatizados

- Consulte Enseñanza Intencional LL06, "Relatos dramatizados".

- Siga la orientación ofrecida en la tarjeta para relatar de nuevo el cuento *Los tres cerditos.* Use como accesorios los materiales reunidos el día anterior durante la lectura en voz alta.

Opción 2: Cuelga cuentos

- Consulte Enseñanza Intencional LL33, "Cuelga cuentos".

- Siga la orientación ofrecida en la tarjeta para relatar de nuevo *Los tres cerditos.*

Mega Minutos

- Use Mega Minutos 15, "Tin, marín de do pingüé".

Reunión final

- Recuerde los eventos del día.

- Invite a quienes hayan recortado imágenes de edificios de las revistas durante la hora de escoger actividades a compartir con el grupo lo que hayan encontrado.

Investigación del tema

Usted ya ha comenzado a escribir listas con las ideas y preguntas de los niños acerca de los edificios. Al poner en práctica el estudio, usted desarrollará investigaciones que ayudan a ampliar las ideas, encontrar respuestas a preguntas, aprender conceptos y desarrollar destrezas importantes. En esta sección se incluyen planes diarios para investigar las preguntas hechas por los niños. Sin embargo, no se limite a estas sugerencias. Úselas como fuente de inspiración para diseñar experiencias adaptadas a su propio grupo y a los recursos de su escuela y su comunidad. Aunque es importante responder a las ideas de los niños y seguir sus sugerencias a medida que evoluciona su pensamiento, también es importante que usted organice el estudio y considere distintas posibilidades. Revise las páginas tituladas "Un vistazo" donde encontrará sugerencias de Experiencias sorprendentes. Estos eventos requieren ser planeados por anticipado.

Investigación 1

¿Cómo son los edificios en nuestro vecindario y en otros lugares?

	Día 1	Día 2	Día 3
Áreas de interés	**Biblioteca:** accesorios y materiales para relatar de nuevo *Los tres cerditos*	**Juguetes y juegos:** una nueva clase de bloques conectables (una que los niños no hayan visto ni usado) **Computadoras:** la versión electrónica de *Casa, querida casa*	**Bloques:** accesorios relacionados con los edificios del vecindario, p. ej., si vieron el día anterior una estación de bomberos, agregue cascos de bomberos; si vieron una granja, agregue animales de granja
Pregunta del día	¿Cuál de estos edificios está cerca de nuestra escuela? (Muestre una foto de un edificio cerca de la escuela y una foto de otro edificio)	¿Cuántos edificios creen que veremos hoy?	¿Qué edificio les gustó más? (Muestre varias fotos de edificios del vecindario vistos el día anterior)
Todo el grupo	**Canción:** "La bamba" **Comentarios y escritura compartida:** Preparse para visitar un sitio **Materiales:** Mega Minutos 72, "La bamba"; mapa del vecindario hecho por el maestro	**Canción:** "¡Qué bueno, qué bueno!" **Comentarios y escritura compartida:** Hacer predicciones sobre edificios. **Materiales:** Mega Minutos 23, "¡A que si, a que no!"; mapa del vecindario hecho el día anterior; Enseñanza Intencional SE01, "Visitas a sitios"; camera digital; Enseñanza Intencional LL45, "Dibujos de lo observado"; tablias con sujetapapeles; papel; crayones o marcadores	**Movimiento:** Imán y metal **Comentarios y escritura compartida:** Mirar de cerca **Materiales:** Mega Minutos 67, "Imán y metal"; fotos de edificios del vecindario; dibujos de lo observado
Lectura en voz alta	*Un sillón para mi mamá* Hablemos de Libros 18 (primera lectura en voz alta)	*Casa, querida casa*	*Un sillón para mi mamá* Hablemos de Libros 18 (segunda lectura en voz alta)
Grupos pequeños	**Opción 1: Tendremos una aventura** Enseñanza Intencional M36, "Tendremos una aventura" **Opción 2: Camino con obstáculos** Enseñanza Intencional M36, "Tendremos una aventura"; objetos para crear un camino con obstáculos en el área de bloques	**Opción 1: Problemas de matemáticas** Enseñanza Intencional M22, "Problemas de matemáticas"; colección de objetos manipulables para agregar y sustraer **Opción 2: Contar con rimas** Enseñanza Intencional M13, "Contar con rimas"; motas de algodón o pompones blancos; papel de construcción verde; tarjetas de números	**Opción 1: Adivinanzas con rima** Enseñanza Intencional LL11, "Adivinanzas con rima"; accesorios que rimen con las palabras elegidas **Opción 2: Dime qué rima** Enseñanza Intencional LL44, "Dime qué rima…"; ponchera; bolsa; pares de objetos con nombres que rimen
Mega Minutos	Mega Minutos 55, "Sr. Olvidadizo"	Mega Minutos 18, "Estoy pensando en…"	Mega Minutos 38, "Allá en la fuente"

Día 4	Día 5
Biblioteca: libros con imágenes de edificios en otros lugares **Computadoras:** la versión electrónica de *Edificios, edificios*	**Arte:** revistas; tijeras
¿Alguna vez han visto un edificio como este? (Muestre una imagen de un edificio de otro país)	Estamos haciendo un patrón. ¿Pueden dibujar lo que sigue? (Dibuje el patrón puerta–ventana–puerta–ventana–puerta)
Movimiento: El patio de mi casa **Comentarios y escritura compartida:** Toda clase de hogares **Materiales:** Mega Minutos 70, "El patio de mi casa"; *Casa, querida casa*	**Poema:** "Dos tortuguitas redonditas" **Comentarios y escritura compartida:** Lo semejante y lo diferente **Materiales:** Mega Minutos 44, "Dos tortuguitas redonditas"; imágenes de edificios del mundo; fotos de edificios del vecindario
Edificios, edificios	*Un sillón para mi mamá* Hablemos de Libros 18 (tercera lectura en voz alta)
Opción 1: Letras, letras y más letras Enseñanza Intencional LL07, "Letras, letras y más letras"; sellos de letras; almohadillas de tinta de colores; papel de construcción **Opción 2: Hacer mi nombre** Enseñanza Intencional LL29, "Hacer mi nombre"; sobres pequeños y resistentes; marcador; manipulables en forma de letras	**Opción 1: Patrones** Enseñanza Intencional M14, "Patrones"; objetos para ordenar en patrones; ejemplos de patrones; papel de construcción; crayones o marcadores **Opción 2: Patrones en edificios** Enseñanza Intencional M14, "Patrones"; objetos para ordenar en patrones; imágenes de edificios; papel de construcción; crayones o marcadores
Mega Minutos 12, "Pico, pico, Mandorico"; cesta de cosas que los niños pueden nombrar o identificar	Mega Minutos 25, "¡Alto!"; música de baile

Dedique tiempo para…

Experiencias al aire libre

Ejercicio divertido

- Consulte Enseñanza Intencional P12, "Explorar trayectorias", y siga la orientación ofrecida en la tarjeta.

Colaboración con las familias

- Invite a un pariente o a un miembro de la comunidad que trabaje en edificios a que visite el salón durante la Investigación 2 ¿Quiénes construyen los edificios? ¿Qué herramientas usan? Esta persona podría ser un(a) arquitecto(a), electricista, ingeniero(a), obrero(a) de la construcción, pintor(a), albañil, constructor(a) o reparador(a) de tejados, contratista, plomero(a) o cualquier persona que construya o que se encargue del mantenimiento de edificios.

- Sugiera a las familias que lean y discutan con sus niños las versiones electrónicas de *Casa, querida casa* y *Edificios, edificios*

Experiencias sorprendentes

- Día 2: Caminar alrededor del vecindario para mirar distintos edificios

¿Cómo son los edificios en nuestro vecindario y en otros lugares?

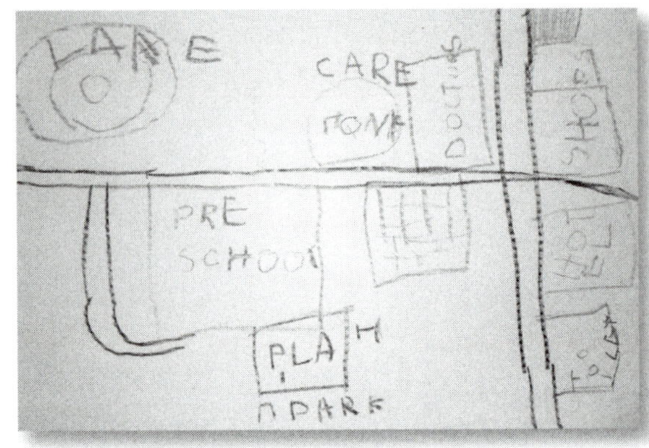

Vocabulario

Español: *mapa, vecindario*

Inglés: *map, neighborhood*

Consulte vocabulario adicional en Hablemos de Libros 18, *Un sillón para mi mamá* (*A Chair for My Mother*).

Todo el grupo

Rutina inicial

- Canten una bienvenida y hablen de quiénes están presentes.

Canción: "La bamba"

- Use Mega Minutos 72, "La bamba".

Comentarios y escritura compartida: Preparación para la visita a un sitio

- Diga, "Ya hemos visto nuestro edificio y mirado muchas imágenes de otros edificios. En nuestro *vecindario* hay muchos edificios interesantes".

- Hable de la visita que harán al día siguiente a los edificios cerca de la escuela. Invite a los niños a observar con atención los edificios que vean mientras caminan por el vecindario.

- Muestre un mapa del vecindario, sencillo, hecho a mano.

- Explique el mapa. Señale las características, lugares y edificios importantes. Diga, por ejemplo, "Aquí hay un *mapa* del *vecindario*. Aquí está nuestra escuela y este es el parque al final de la calle". Guarde el mapa para usarlo durante la Investigación 4, "¿Por qué nuestro edificio es especial?".

- Repase la pregunta del día.

- Pregunte, "¿Qué otros edificios están cerca de nuestra escuela?" Escriba las respuestas dadas por los niños.

> **Los edificios que exploren en su vecindario no tienen que ser muy ornamentados. Cualquier edificio ofrece algo interesante para observar.**

Niños que aprenden una segunda lengua
Al introducir palabras nuevas en la segunda lengua como *map* o *neighborhood*, determine si esas palabras son una manera distinta de nombrar un concepto que ya conocen los niños que están aprendiendo una segunda lengua. De lo contrario, enseñe el concepto (preferiblemente en la lengua que se habla en los hogares de los niños) y las nuevas palabras.

Antes de hacer la transición a las áreas de interés, hablen acerca de los accesorios y materiales para representar Los tres cerditos en el área de biblioteca, y cómo los pueden usar los niños.

Hora de escoger

Al interactuar con los niños en las áreas de interés, dedique tiempo a:

- Observar a los niños mientras relatan de nuevo *Los tres cerditos.*

- Observar la habilidad de recordar los personajes, el problema y los detalles del cuento. Preste atención para ver si los niños usan las mismas palabras del cuento.

Lectura en voz alta

Lea el cuento *Un sillón para mi mamá.*

- Use Hablemos de Libros 18, *"Un sillón para mi mamá"* y siga la orientación ofrecida para realizar la primera lectura en voz alta.

Grupos pequeños

Opción 1: Tendremos una aventura

- Consulte Enseñanza Intencional M36, "Tendremos una aventura", y siga la orientación ofrecida en la tarjeta.

Opción 2: Camino con obstáculos

- Consulte Enseñanza Intencional M36, "Tendremos una aventura".

- Construya en el área de bloques, un camino con obstáculos para representar las acciones de la canción.

> **Los caminos con obstáculos son ideales para ayudar a que los niños desarrollen las destrezas de motricidad gruesa y que aprendan palabras o frases relacionadas con la posición como *por encima, por debajo, entre, detrás, encima de* y *al lado de.***

Mega Minutos

- Use Mega Minutos 55, "Sr. Olvidadizo". Haga la variación de las sílabas que está en el reverso de la tarjeta, si es apropiada para su grupo de niños.

Reunión final

- Recuerde los eventos del día.

- Invite a quienes hayan representan *Los tres cerditos* en el área de biblioteca a demostrar cómo usaron los accesorios.

Investigación 1

¿Cómo son los edificios en nuestro vecindario y en otros lugares?

Vocabulario

Español: *mapa*

Inglés: *map*

Todo el grupo

Rutina inicial

- Canten una bienvenida y hablen de quiénes están presentes.

Canción: "¡A qué si, a qué no!"

- Use Mega Minutos 23, "¡A qué si, a qué no!"

Comentarios y escritura compartida: Hacer predicciones sobre edificios

- Repase en el mapa la ruta que van a seguir al caminar por el vecindario.

- Pregunte, "¿Qué edificios creen que veremos? ¿Cómo son estos edificios?"

- Escriba las respuestas ofrecidas.

- Repase la pregunta del día y escriba las respuestas de los niños.

- Consulte Enseñanza Intencional SE01, "Visitas a sitios" y Enseñanza Intencional LL45, "Dibujos de lo observado". Siga la orientación ofrecida en las tarjetas.

Antes de hacer la transición a las áreas de interés, hable de los nuevos bloques conectables, por ejemplo, los cubos interconectables los bloques LEGO®, disponibles en el área de juguetes y juegos y mencione como pueden usarlos.

Si no tiene un tipo *distinto* de bloque conectable, usted podría mostrar uno de los tipos que haya estado disponible por un tiempo. Realizar un objeto manipulable conocido estimula a los niños a pensar en maneras nuevas de usarlo.

Hora de escoger

Al interactuar con los niños en las áreas de interés, dedique tiempo a:

- Observarlos mientras construyen edificios en el área de juguetes y juegos.

- Hacerles preguntas de respuesta abierta para animarles a hablar de lo que hacen.

- Fotografiar las construcciones o exhibirlas en un área protegida.

Lectura en voz alta

Lea el cuento *Casa, querida casa.*

- **Antes de leer**, dígales el título y muestre a los niños la cubierta. Pregunte, "¿De qué creen que se trata este libro?"

- **Mientras lee**, invite a los niños a hacer comentarios de las ilustraciones y el cuento. Hablen de las formas que tienen las casas. Diga a los niños que el libro estará disponible para ellos en la computadora en el área de computadoras.

- **Después de leer**, pregunte, "¿En qué clase de edificio viven?". Sugiérales trabajar en parejas e invíteles a usar los materiales de construcción en las áreas de interés para construir una de las casas descritas en el libro. Hable de las formas de las casas y de los materiales que pueden usar para construirlas, por ejemplo, diga: "Esta casa tiene una cúpula redonda en la parte de encima, como parte de una bola o una esfera. ¿Pueden encontrar en el salón algo con esa forma que puedan usar para construir esta casa?"

Grupos pequeños

Opción 1: Problemas de matemáticas

- Consulte Enseñanza Intencional M22, "Problemas de matemáticas", y siga la orientación ofrecida en la tarjeta.

Opción 2: Contar con rimas

- Consulte Enseñanza Intencional M13, "Contar con rimas", y siga la orientación ofrecida en la tarjeta.

Niños que aprenden una segunda lengua
Cuando le haga alguna pregunta a un niño en un grupo pequeño, diríjase a él diciendo su nombre para que sepa que se le está pidiendo que participe. Esa estrategia les ayudará a sentirse parte del grupo.

Mega Minutos

- Use Mega Minutos 18, "Estoy pensando en…" Use las cosas observadas en la visita a los edificios.

Reunión final

- Recuerde los eventos del día.
- Invite a los niños que hayan construido edificios en el área de juguetes y juegos a compartir sus trabajos con el resto del grupo.

¿Cómo son los edificios en nuestro vecindario y en otros lugares?

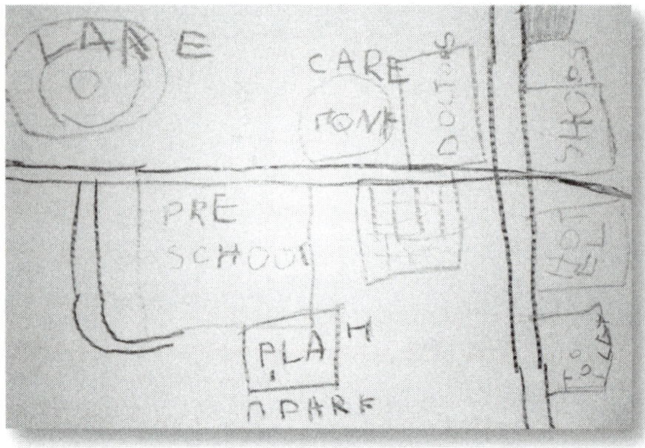

Vocabulario

Consulte Hablemos de Libros 18, *Un sillón para mi mamá (A Chair for My Mother)*.

Todo el grupo

Rutina inicial

- Canten una bienvenida y hablen de quiénes están presentes.

Movimiento: Imán y metal

- Use Mega Minutos 67, "Imán y metal".

Comentarios y escritura compartida: Mirar de cerca

- Repase la pregunta del día.

- Muestre fotos de otros edificios que hayan visto el día anterior al salir a caminar. Muestre también los dibujos de lo observado.

- Haga preguntas para ayudar a los niños a desarrollar sus ideas y comentar los detalles de los distintos edificios. "¿De qué está hecho este edificio? ¿Cómo son las puertas y ventanas? ¿Qué forma tiene la señal encima de la puerta? ¿En qué se diferencia este edificio de ladrillo de este otro?"

- Escriba las respuestas ofrecidas.

Niños que aprenden una segunda lengua
Use gestos y lenguaje de ejemplo para ayudar a los niños a responder estas preguntas. Usted también puede dar muestras o ilustraciones de distintas figuras, materiales y objetos. De esa manera los niños pueden señalar cuando quieran responder.

Antes de hacer la transición a las áreas de interés, mencione los accesorios disponibles en el área de bloques. Recuérdeles los edificios que vieron al salir a caminar el día anterior y mencione la relación que tienen con los accesorios. Muestre los accesorios y pregunte, "¿Qué podemos hacer con esto?"

Hora de escoger

Al interactuar con los niños en las áreas de interés, dedique tiempo a:

- Observar a los niños mientras usan los accesorios en el área de bloques.

- Animar a los niños a usar bloques y cubos para construir edificios relacionados con los accesorios.

Lectura en voz alta

Lea el cuento *Un sillón para mi mamá.*

- Use Hablemos de Libros 18, *Un sillón para mi mamá,* y siga la orientación ofrecida para realizar la segunda lectura en voz alta.

Grupos pequeños

Opción 1: Adivinanzas con rima

- Consulte Enseñanza Intencional LL11, "Adivinanzas con rima", y siga la orientación ofrecida en la tarjeta.

Opción 2: Dime qué rima

- Consulte Enseñanza Intencional LL44, "Dime qué rima...", y siga la orientación ofrecida en la tarjeta.

Mega Minutos

- Use Mega Minutos 38, "Allá en la fuente". Haga la variación que está en el reverso.

Reunión final

- Recuerde los eventos del día.
- Invite a los niños a recordar algunas de las parejas de palabras que riman usadas durante el periodo en grupos pequeños.
- Escriba las palabras y léalas de nuevo para que el grupo pueda decirlas con usted.

¿Cómo son los edificios en nuestro vecindario y en otros lugares?

Vocabulario

Español: *semejanzas, diferencias*

Inglés: *similarities, differences*

Todo el grupo

Rutina inicial

- Canten una bienvenida y hablen de quiénes están presentes.

Movimiento: El patio de mi casa

- Use Mega Minutos 70, "El patio de mi casa".

Comentarios y escritura compartida: Toda clase de hogares

- Lea de nuevo el cuento *Casa, querida casa*.

- Pida a los niños que describan algunos de los edificios del libro.

- Haga comentarios de las características de los hogares.

- Anime a los niños a describir semejanzas y diferencias. Diga, por ejemplo, "Las casas tienen *semejanzas*. Son lugares en los cuales vive la gente. También tienen *diferencias*. En algunas vive una sola familia y en otras vive más de una familia".

- Escriba las ideas ofrecidas.

- Usando la información del libro, comente por qué los edificios tienen ese aspecto.

Preste especial consideración a los niños en su grupo que puedan carecer de hogar. Mantenga presente que usted no sabrá necesariamente qué familias se encuentran en esta situación. Considere también las diferencias socioeconómicas y lo que significan esas diferencias en términos de la clase de vivienda en que viven. Recuerde que debe enfocar los comentarios en la idea de que los hogares, sin importar cómo sean, son lugares donde las familias viven juntas.

Antes de hacer la transición a las áreas de interés, repase la pregunta del día. Hable de los libros disponibles en el área de biblioteca y explique, "En estos libros hay ilustraciones de edificios que no están en nuestra comunidad". Muestre algunas de las imágenes y describa sus características interesantes.

Hora de escoger

Al interactuar con los niños en las áreas de interés, dedique tiempo a:

- Mirar con los niños libros de edificios en el área de biblioteca.

- Leerles en voz alta cualquier información de los edificios que despierte el interés de los niños.

Lectura en voz alta

Lea el cuento *Edificios, edificios.*

- **Antes de leer**, muestre la cubierta del libro e invite a los niños a adivinar qué sucede dentro del edificio que aparece en la cubierta.

- **Mientras lee**, haga pausas para animarles a hablar de los edificios que conozcan.

- **Después de leer**, verifique las predicciones que hicieron acerca del edificio en la cubierta. Diga a los niños que la versión electrónica estará disponible en la computadora.

Grupos pequeños

Opción 1: Letras, letras y más letras

- Consulte Enseñanza Intencional LL07, "Letras, letras y más letras" y siga la orientación ofrecida en la tarjeta.

Opción 2: Hacer mi nombre

- Consulte Enseñanza Intencional LL29, "Hacer mi nombre" y siga la orientación ofrecida en la tarjeta.

Mega Minutos

- Use Mega Minutos 12, "Pico, pico, Mandorico". Haga la variación de patrón que está en el reverso.

Reunión final

- Recuerde los eventos del día.

- Invite a los niños que hayan mirado libros en el área de biblioteca a que le describan al grupo los edificios interesantes que hayan descubierto.

Investigación 1

¿Cómo son los edificios en nuestro vecindario y en otros lugares?

Vocabulario

Español: *parecidos, diferentes*

Inglés: *alike, different*

Consulte vocabulario adicional en Hablemos de Libros 18, *Un sillón para mi mamá* (*A Chair for My Mother*).

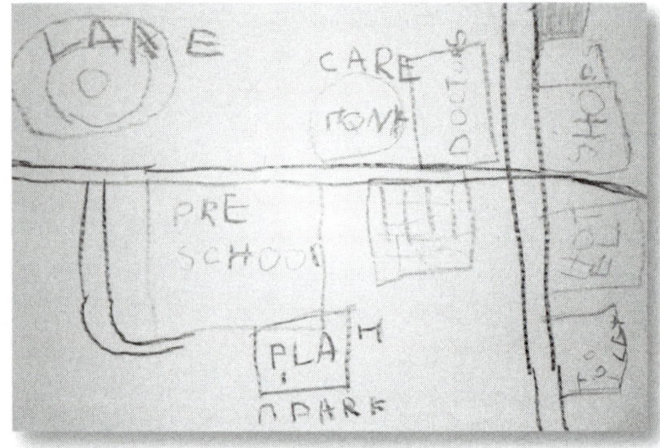

Todo el grupo

Rutina inicial

- Canten una bienvenida y hablen de quiénes están presentes.

Poema: "Dos tortuguitas redonditas"

- Use Mega Minutos 44, "Dos tortuguitas redonditas".

Comentarios y escritura compartida: Lo semejante y lo diferente

- Recuerde a los niños algunas de las casas de otros lugares del mundo descritas en el libro *Casa, querida casa*. Muestre varias imágenes de edificios del vecindario.

- Invite a los niños a comparar las fotos de edificios del vecindario con las imágenes de edificios de otros lugares del mundo. Pregunte; "¿En qué son parecidos estos edificios? ¿En qué son diferentes?"

- Escriba las respuestas ofrecidas.

Antes de hacer la transición a las áreas de interés, mencione las revistas disponibles en el área del arte. Explique que podrán usarlas para encontrar y recortar imágenes de edificios interesantes.

Hora de escoger

Al interactuar con los niños en las áreas de interés, dedique tiempo a:

- Hablar con ellos acerca de los edificios que encuentren en las revistas. Preste atención a lo que despierte el interés de los niños.

- Leer en voz alta la información ofrecida en las revistas acerca de estos edificios.

- Ayudar a los niños a agregar las imágenes que hayan recortado a la exhibición en el área de bloques.

Lectura en voz alta

Lea el cuento *Un sillón para mi mamá*.

- Use Hablemos de Libros 18, *Un sillón para mi mamá* y siga la orientación ofrecida para realizar la tercera lectura en voz alta.

Grupos pequeños

Opción 1: Patrones

- Hable de la pregunta del día.

- Consulte Enseñanza Intencional M14, "Patrones", y siga la orientación ofrecida en la tarjeta.

Opción 2: Patrones en edificios

- Hable de la pregunta del día.

- Consulte Enseñanza Intencional M14, "Patrones", y siga la orientación ofrecida en la tarjeta.

- Invite a los niños a explorar las imágenes de edificios y a buscar patrones en ellos.

Niños que aprenden una segunda lengua
Para ayudar a que los niños que están aprendiendo una segunda lengua participen en la actividad, explique sus acciones a medida que las hace y explique lo que otros niños están haciendo. Diga, por ejemplo, "Estoy dibujando una puerta. Estoy dibujando una ventana. Ahora estoy dibujando otra puerta. Y ahora estoy dibujando otra ventana". Luego señale cada objeto a medida que lo nombre y diga, "Estoy haciendo un patrón: puerta, ventana; puerta, ventana".

Mega Minutos

- Use Mega Minutos 25, "¡Alto!" Haga la variación de letras o de palabras que está en el reverso.

Reunión final

- Recuerde los eventos del día.

- Invite a los niños que hayan agregado imágenes a la exhibición en el área de bloques a señalar los edificios y describirlos al resto del grupo.

Investigación 2

¿Quiénes construyen los edificios? ¿Qué herramientas usan?

	Día 1	Día 2	Día 3
Áreas de interés	**Bloques:** cintas para medir; reglas que se doblan; escuadras de forma T **Computadoras:** la versión electrónica de *Construimos de la A a la Z*	**Bloques:** cinturón de herramientas; casco; caja de herramientas	**Arte:** martillo; clavos; madera blanda como de pino **Computadoras:** la versión electrónica de *Construimos de la A a la Z*
Pregunta del día	¿Pueden construir un edificio tan alto como ustedes?	¿Qué desean preguntarle hoy a la persona visitante?	¿Qué pueden hacer con un martillo?
Todo el grupo	**Juego:** ¿Qué hay dentro de la caja? **Comentarios y escritura compartida:** ¿Quién construye los edificios? **Materiales:** Mega Minutos 31, "¿Qué hay dentro de la caja?"; cinta para medir; caja; fotos de una construcción	**Canción:** "Así lo hago" **Comentarios y escritura compartida:** Entrevista a un(a) experto(a) **Materiales:** Mega Minutos 06, "Así lo hago"	**Canción:** "Tu vecindario" **Comentarios y escritura compartida:** Herramientas **Materiales:** Mega Minutos 01, "La gente de su vecindario"; bolsa; herramientas
Lectura en voz alta	*Construimos de la A a la Z* lista hecha durante el periodo con todo el grupo	*Construir una casa* lista hecha el día 1 durante el periodo con todo el grupo/ lectura en voz alta	*Construimos de la A a la Z* lista hecha el día 1 durante el periodo con todo el grupo
Grupos pequeños	**Opción 1: Hacer libros** Enseñanza Intencional LL04, "Hacer libros"; *Un sillón para mi mamá*; tablillas sujetapapeles; cartón o cartulina; papel en blanco; lápices, crayones, o marcadores; implementos de encuadernación **Opción 2: Hacer libros en la computadora** Enseñanza Intencional LL02, "Hacer libros en la computadora"; *Un sillón para mi mamá*; cámara digital; computadora; el banco individual de palabras de cada niño; impresora, papel; implementos de encuadernación	**Opción 1: Hacer libros** Enseñanza Intencional LL04, "Hacer libros"; *Un sillón para mi mamá*; tablillas sujetapapeles; cartón o cartulina; papel en blanco; lápices, crayones, o marcadores; implementos de encuadernación **Opción 2: Hacer libros en la computadora** Enseñanza Intencional LL02, "Hacer libros en la computadora"; *Un sillón para mi mamá*: cámara digital; computadora; el banco individual de palabras de cada niño; impresora, papel; implementos de encuadernación	**Opción 1: Libros del alfabeto** Enseñanza Intencional LL34, "Libros del alfabeto"; *Construimos de la A a la Z*; papel de construcción; tarjetas del alfabeto **Opción 2: Libros del alfabeto y herramientas** Enseñanza Intencional LL34, "Libros del alfabeto"; *Construimos de la A a la Z*; herramientas; papel de construcción; tarjetas del alfabeto
Mega Minutos	Mega Minutos 04, "Rima, rima, ma, me, mi"	Mega Minutos 97, "Caza de figuras"; figuras tridimensionales o tarjetas de figuras	Mega Minutos 22, "Caliente o frío figuras 3D"; varias figuras tridimensionales

Día 4	Día 5	Dedique tiempo para…
Bloques: planos de construcciones; tablillas con sujetapapeles, papel y lápices; camara digital	**Arena y agua:** vehículos de construcción pequeños; Enseñanza Intencional SE14, "Jugar juntos"	### Experiencias al aire libre **Observar la sombra de un edificio** • En un día soleado, salgan al aire libre y señale las sombras de los niños.
¿Cuando crezcan, qué trabajo les gustaría hacer? (Muestre fotos de algunos de los trabajos en la lista de día 1).	¿Qué parte del cuerpo protege esto? (Muestre un casco).	
Canción: "Rebota, pelota" **Comentarios y escritura compartida:** Trabajos de construcción **Materiales:** Mega Minutos 43, "Rebota, pelota"; lista de la gente que trabaja en edificios de día 1 del periodo con todo el grupo	**Canción:** "¿Yo qué hago?" **Comentarios y escritura compartida:** La seguridad en la construcción **Materiales:** Mega Minutos 60, "El baile de nombres"; *Construimos de la A a la Z*; casco	
Cambios, cambios	*Los tres pequeños jabalíes* Hablemos de Libros 19 (primera lectura en voz alta)	
Opción 1: Muéstrame cinco objetos Enseñanza Intencional M16, "Muéstrame cinco objetos"; objetos pequeños manipulables relacionados con la construcción como tornillos, tuercas y pedazos de madera **Opción 2: Tarro para adivinar** Enseñanza Intencional M17, "Tarro para adivinar"; un tarro grande de plástico; objetos pequeños manipulables relacionados con la construcción como tornillos, tuercas y pedazos de madera	**Opción 1: Trenes hechos con cubos** Enseñanza Intencional M40, "Trenes hechos con cubos"; cubos interconectables; fotos o ilustraciones de trenes **Opción 2: Movimientos para crear patrones** Enseñanza Intencional M35, "Movimientos para crear patrones"; tarjetas de acciones; cuadro de bolsillo	
Mega Minutos 60, "El baile de los nombres"	Mega Minutos 59, "Marca el ritmo"; imágenes u objetos relacionados con la construcción	

Experiencias al aire libre

Observar la sombra de un edificio

- En un día soleado, salgan al aire libre y señale las sombras de los niños.
- Hable con ellos acerca de sus sombras. Hable con los niños acerca de sus sombras.
- Haga notar que el edificio de la escuela también produce una sombra.
- Invite a los niños a observar la sombra de la escuela y a trazarla con tiza. Hablen del tamaño de la sombra en comparación con el tamaño del edificio escolar.

Ejercicio divertido

- Consulte Enseñanza Intencional P11, "Saltar al otro lado del río". Siga la orientación ofrecida en la tarjeta.

Colaboración con las familias

- Invite a los parientes a que acompañen al grupo en una salida a caminar por el vecindario durante la Investigación 3, "¿De qué están hechos los edificios? ¿Qué los hace estables?".
- Sugiera a las familias que lean y discutan la versión electrónica de *Construimos de la A a la Z*.

Experiencias sorprendentes

- Día 2: Visita de alguien que trabaje en construcción

¿Quiénes construyen los edificios?
¿Qué herramientas usan?

Vocabulario

Español: *un lugar en construcción, cinta de medir*

Inglés: *construction site, tape measure*

Todo el grupo

Rutina inicial

- Canten una bienvenida y hablen de quiénes están presentes.

Juego: ¿Qué hay dentro de la caja?

- Use Mega Minutos 31, "¿Qué hay dentro de la caja?"

- Siga la orientación ofrecida en la tarjeta, usando una cinta de medir como el objeto que está en la caja.

Comentarios y escritura compartida: ¿Quién construye los edificios?

- Muestre imágenes de un lugar en construcción.

- Anime a los niños a hablar de lo que noten al mirar las fotos.

- Pregunte, "¿Quién construye los edificios?"

- Escriba las respuestas ofrecidas.

- Guarde esta lista para usarla durante la lectura en voz alta.

Antes de hacer la transición a las áreas de interés, hable de la cinta de medir y otras herramientas para medir disponibles en el área de bloques y mencione cómo pueden usarlas.

Hora de escoger

Al interactuar con los niños en las áreas de interés, dedique tiempo a:

- Comentar la pregunta del día con los niños en el área de bloques.

- Explicar cómo pueden usar las herramientas de medición para comparar su estatura con la altura de los edificios.

Lectura en voz alta

Lea el cuento *Construimos de la A a la Z*.

- **Antes de leer**, dé un vistazo preliminar a las ilustraciones del libro. Esta estrategia implica hablar de las ilustraciones y pedir a los niños que predigan lo que aprenderán con el libro.

- **Mientras lee**, señale las distintas personas del libro que construyen edificios.

- **Después de leer**, agregue esas personas a la lista que comenzó durante el periodo con todo el grupo. Guarde esta lista para el periodo con todo el grupo el día 4. Diga a los niños que la versión electrónica estará disponible en la computadora.

Para ver más estrategias sobre cómo leer en voz alta a grupos de niños, consulte *El Currículo Creativo para la educación preescolar, Volumen 3: Lectoescritura*.

Grupos pequeños

Opción 1: Hacer libros

- Recuérdele al grupo que la niña del cuento *Un sillón para mi mamá* tenía muchos deseos de que su mamá tuviera una silla cómoda.

- Pregunte, "¿Alguna vez han querido darle algo a alguien? ¿Qué deseaban darle? ¿A quién deseaban dárselo?"

- Consulte Enseñanza Intencional LL04, "Hacer libros" para ayudar a los niños a hacer un libro que refleje sus respuestas.

Opción 2: Hacer libros en la computadora

- Recuerde a los niños que la niña del cuento *Un sillón para mi mamá* tenía muchos deseos de que su mamá tuviera una silla cómoda.

- Pregunte, "¿Alguna vez han querido darle algo a alguien? ¿Qué deseaban darle? ¿A quién deseaban dárselo?"

- Consulte Enseñanza Intencional LL02, "Hacer libros en la computadora" para ayudar a los niños a hacer un libro que refleje sus respuestas.

Mega Minutos

- Use Mega Minutos 04, "Rima, rima, ma me mi". Haga la variación de saltar el número que está en el reverso.

Reunión final

- Recuerde los eventos del día.

- Explique, "Alguien que trabaja en edificios vendrá a nuestro salón mañana, así que podremos entrevistarlo. Pensemos en algunas preguntas que nos gustaría hacerle".

- Escriba las respuestas ofrecidas.

- Invite a los niños que hayan construido edificios en el área de bloques a compartir sus descubrimientos con el resto del grupo.

Niños que aprenden una segunda lengua
Cuando los niños participen diciendo una sola palabra, responda integrando esa palabra en unas pocas oraciones. Por ejemplo, si una niña dice "herramientas", pregunte: "¿Quieres saber qué herramientas usa nuestro visitante en su trabajo? Preguntar acerca de las herramientas es una pregunta importante". Ampliar el lenguaje del niño lo ayuda a aprender más sobre el vocabulario y la estructura de la segunda lengua.

Investigación 2

¿Quiénes construyen los edificios? ¿Qué herramientas usan?

Vocabulario

Español: *clavar, dar vuelta, serruchar*

Inglés: *pound, twist, saw*

Todo el grupo

Rutina inicial

- Canten una bienvenida y hablen de quiénes están presentes.

Canción: "Así lo hago"

- Use Mega Minutos 06, "Así lo hago".

- Siga la orientación ofrecida en la tarjeta, usando frases relacionadas con la carpintería, por ejemplo, serruchar la madera, golpear el clavo, pintar la pared, enroscar el tornillo y colocar el ladrillo.

Comentarios y escritura compartida: Entrevista a un(a) experto(a)

- Repase la pregunta del día. Agregue cualquier pregunta nueva a la lista escrita el día anterior durante la reunión final.

- Presente a la persona visitante.

- Pídale que explique su trabajo y muestre algunas de las herramientas que usa.

- Anime a los niños a hacer las preguntas que pensaron el día anterior durante la reunión final.

- Escriba las respuestas de la persona visitante.

Niños que aprenden una segunda lengua
Si la persona visitante habla alguna de las lenguas que se hablan en los hogares de los niños, pídale que responda a las preguntas de los niños en la lengua que se habla en el salón y en cualquier otra lengua, o lenguas, que hable. El uso de las lenguas que se hablan en los hogares de los niños los ayuda a mantener su identidad cultural, a seguir vinculados con las tradiciones familiares y a avanzar en el proceso de convertirse en niños bilingües.

Antes de hacer la transición a las áreas de interés, hable de los accesorios de construcción disponibles en el área de bloques y mencione cómo podrían usarlos.

Agregar unos cuantos accesorios al área de bloques estimula la imaginación infantil y amplía el juego dramático acerca de nuevos temas. Recuerde no agregar demasiados accesorios a la vez ya que esto puede ser agobiante y, en realidad, hace que la experiencia de construir con los bloques sea menos entretenida y significativa para los niños.

Hora de escoger

Al interactuar con los niños en las áreas de interés, dedique tiempo a:

- Observarlos mientras juegan con los accesorios en el área de bloques.

- Hacerles preguntas para ampliar su juego, por ejemplo, "¿Quién trabaja en los edificios? ¿Qué hacen allí?"

Haga la transición de los niños a las áreas de interés usando Mega Minutos 47, "Un paso adelante". Pídales que encierren en un círculo una palabra del cuadro y que le digan a qué área de interés van a ir.

Lectura en voz alta

Lea el cuento *Construir una casa*.

- **Antes de leer**, muestre la cubierta del libro y lea el título. Explique, "Este libro muestra los pasos para construir una casa". Pregunte, "¿Qué creen ustedes que deben hacer las personas que construyen una casa?"

- **Mientras lee**, recuerde los pasos mencionados en el libro que coinciden con las predicciones de los niños.

- **Después de leer**, repase qué tipo de trabajos han sido mencionados en el libro. Agréguelos a la lista del día anterior si es necesario.

Grupos pequeños

Opción 1: Hacer libros

- Recuerde a los niños que la niña del cuento *Un sillón para mi mamá* tenía muchos deseos de que su mamá tuviera una silla cómoda.

- Pregunte, "¿Alguna vez han querido darle algo a alguien? ¿Qué deseaban darle? ¿A quién deseaban dárselo?"

- Consulte Enseñanza Intencional LL04, "Hacer libros" para ayudar a los niños a hacer un libro que refleje sus respuestas.

Opción 2: Hacer libros en la computadora

- Recuerde a los niños que la niña del cuento *Un sillón para mi mamá* tenía muchos deseos de que su mamá tuviera una silla cómoda.

- Pregunte, "¿Alguna vez han querido darle algo a alguien? ¿Qué deseaban darle? ¿A quién deseaban dárselo?"

- Consulte Enseñanza Intencional LL02, "Hacer libros en la computadora" para ayudar a los niños a hacer un libro que refleje sus respuestas.

Mega Minutos

- Use Mega Minutos 97, "Caza de figuras", y siga la orientación ofrecida en la tarjeta.

Reunión final

- Recuerde los eventos del día.

- Lea los libros creados por los niños los últimos dos días durante el periodo en grupos pequeños.

¿Quiénes construyen los edificios? ¿Qué herramientas usan?

Vocabulario

Español: *plano*

Inglés: *blueprint*

Todo el grupo

Rutina inicial

- Canten una bienvenida y hablen de quiénes están presentes.

Canción: "Tu vecindario"

- Use Mega Minutos 01, "La gente de tu vecindario".
- Siga la orientación ofrecida en la tarjeta, usando nombres de trabajadores de la construcción, por ejemplo, carpintero, albañil o plomero.

Comentarios y escritura compartida: Herramientas

- Coloque un martillo en una bolsa de sorpresas.
- Anime a los niños a meter la mano en la bolsa y describir lo que toquen.
- Escriba las descripciones ofrecidas.
- Saque el objeto y diga cómo se llama. Diga, "Michael dijo que era duro. Javier dijo que tenía una parte larga y una parte corta. Rosa dijo que era frío. Veamos qué es. ¡Es un martillo!" Escriba el nombre de la herramienta con las descripciones de los niños.
- Mencione cómo se usa la herramienta.
- Repase la pregunta del día.

- Repita esta actividad con otras herramientas.

Niños que aprenden una segunda lengua

Al escribir la información acerca de las herramientas, incluya palabras e imágenes. Escriba las palabras, especialmente el nombre de la herramienta, y si puede hacerlo, en las lenguas que se hablen en los hogares de los niños.

Antes de hacer la transición a las áreas de interés, hable del martillo, los clavos y la madera disponibles en el área del arte y mencione cómo podrían usarlos.

> Antes de permitir que los niños usen herramientas de carpintería, asegúrese de que conocen y pueden demostrar los procedimientos de manejo seguro. Considere pedirle a alguno de los padres o a otro adulto que supervise una actividad. Repase las reglas de seguridad sugeridas y descritas en el capítulo relacionado al área del arte en *El Currículo Creativo para educación preescolar, Volumen 2: Áreas de interés*.

Hora de escoger

Al interactuar con los niños en las áreas de interés, dedique tiempo a:

- Observar a los niños mientras trabajan con madera. Hágales preguntas acerca de sus construcciones.

- Ofrecerles ayuda y recordarles las medidas de seguridad cuando sea necesario.

> **Para obtener ideas sobre cómo hacer respetar las reglas de seguridad, consulte Enseñanza Intencional SE09, "Una regla mayor y una regla menor".**

Lectura en voz alta

Lea el cuento *Construimos de la A a la Z.*

- **Antes de leer**, pregunte, "¿Qué recuerdan acerca de este libro?"

- **Mientras lee**, señale los planos y mencione cómo se usan. Agregue la palabra *planos* a la lista de herramientas escrita con todo el grupo.

- **Después de leer**, repase las herramientas en el libro. Agregue las herramientas que sean necesarias a la lista escrita durante el periodo con todo el grupo.

Grupos pequeños

Opción 1: Libros del alfabeto

- Consulte Enseñanza Intencional LL34, "Libros del alfabeto".

- Siga la orientación ofrecida en la tarjeta usando el libro *Construimos de la A a la Z.*

Opción 2: Libros del alfabeto y herramientas

- Consulte Enseñanza Intencional LL34, "Libros del alfabeto".

- Siga la orientación ofrecida en la tarjeta usando el libro *Construimos de la A a la Z* y varias herramientas rotuladas.

> **El conocimiento del alfabeto es algo más que recitar la "Canción del ABC" o reconocer letras individuales. Los niños deben entender que una letra representa uno o más sonidos. También deben entender que estos símbolos se pueden agrupar para formar palabras y que las palabras tienen significado. La comprensión de que hay una relación entre letras y sonidos se llama principio alfabético. Es clave para predecir el éxito futuro en la lectura.**

Mega Minutos

- Use Mega Minutos 22, "Caliente o frío figuras 3D". Siga la orientación ofrecida en las tarjetas.

Reunión final

- Recuerde los eventos del día.

- Lea en voz alta y comenten la lista de herramientas escrita con todo el grupo.

¿Quiénes construyen los edificios?
¿Qué herramientas usan?

Vocabulario

Español: *plano*

Inglés: *blueprint*

Todo el grupo

Rutina inicial

- Canten una bienvenida y hablen de quiénes están presentes.

Canción: "Rebota, pelota"

- Use Mega Minutos 43, "Rebota, pelota".

- Haga la versión de la carpintería que está en el reverso de la tarjeta, por ejemplo, golpear el clavo, enroscar el tornillo o pintar la pared. Pruebe también con otras variaciones basadas en lo que haya hecho en la clase.

Comentarios y escritura compartida: Trabajos de construcción

- Repasen la lista de trabajos escrita el día 1 de esta investigación.

- Repase la pregunta del día.

- Camine con los niños por el salón. Invíteles a pensar en las personas que pudieron haber construido las distintas partes del salón. Diga, por ejemplo, "Aquí podemos ver tubos que llevan el agua hasta la fuente. Me pregunto quién pudo haberlos instalado. María dijo que tal vez los instaló un plomero como su tío".

- Escriba las ideas ofrecidas.

Niños que aprenden una segunda lengua
Usted podrá notar que los niños usan la segunda lengua y al tiempo palabras de la lengua que se habla en sus hogares para responder. Combinar palabras de ambos idiomas es un proceso normal y no significa que un niño esté confundido.

Antes de hacer la transición a las áreas de interés, explique que todas las personas que trabajaron construyendo la escuela siguieron un *plano* para hacerlo. Hable de los planos, las tablillas con sujetapapeles, el papel y los lápices disponibles en el área de bloques. Comente cómo pueden usar estos materiales y crear planos para hacer sus propios edificios.

Hora de escoger

Al interactuar con los niños en las áreas de interés, dedique tiempo a:

- Invitar a los niños a planear en papel antes de comenzar a construir edificios en el área de bloques.

- Recordarles que miren sus planos mientras construyen.

- Tomar fotos de los edificios hechos por los niños y exhibirlas con los planos.

Lectura en voz alta

Lea el cuento *Cambios, cambios.*

- **Antes de leer**, pregunte "¿Qué recuerdan de este libro? ¿Por qué creen que se llama *Cambios, cambios*?"

- **Mientras lee**, invite a los niños a contar el cuento.

- **Después de leer**, vuelvan a mirar las páginas del libro y escriba las palabras de los niños en notas autoadhesivas. Agréguelas a cada página mientras los niños describen lo que ocurre en ellas. Relate de nuevo el cuento usando las palabras de los niños mientras va pasando las páginas del libro.

Grupos pequeños

Opción 1: Muéstrame cinco objetos

- Consulte Enseñanza Intencional M16, "Muéstrame cinco objetos".

- Siga la orientación ofrecida en la tarjeta usando objetos manipulables pequeños relacionados con la construcción, como tuercas y tornillos, trozos de madera, baldosines o herramientas pequeñas.

Opción 2: Tarro para adivinar

- Consulte Enseñanza Intencional M17, "Tarro para adivinar".

- Siga la orientación ofrecida en la tarjeta usando objetos manipulables pequeños relacionados con la construcción, como tuercas y tornillos, trozos de madera, baldosines o herramientas pequeñas.

Mega Minutos

- Use Mega Minutos 60, "El baile de nombres". Haga la variación de la supresión de sílabas, que está en el reverso de la tarjeta.

Reunión final

- Recuerde los eventos del día.

- Invite a los niños que hayan trabajado en el área de bloques a compartir con el grupo sus planos de los edificios y las fotos o dibujos de sus trabajos.

¿Quiénes construyen los edificios?
¿Qué herramientas usan?

Vocabulario

Español: *casco, proteger, precauciones para mantenerse seguros*

Inglés: *hard hat, protect, safety precautions*

Consulte vocabulario adicional en Hablemos de Libros 19, *Los tres pequeños jabalíes (The Three Little Javelinas).*

Todo el grupo

Rutina inicial

- Canten una bienvenida y hablen de quiénes están presentes.

Canción: "¿Yo qué hago?"

- Use Mega Minutos 11, "¿Yo qué hago?"

- Siga la orientación ofrecida en la tarjeta, usando trabajos relacionados con la construcción.

Comentarios y escritura compartida: La seguridad en la construcción

- Repase la pregunta del día.

- Recuerde a los niños las precauciones para mantenerse seguros que haya mencionado la persona visitante durante la entrevista el día 2 de esta investigación.

- Explique, "Las personas que trabajan en edificios deben hacer cosas especiales para proteger el cuerpo, como usar *cascos*. Además deben tomar *precauciones para mantenerse seguros*. Me pregunto qué más hacen para *proteger* el cuerpo. Miremos este libro y veamos si podemos descubrirlo".

- Mire con los niños el libro *Construimos de la A a la Z.*

- Invíteles a identificar otro equipo de seguridad como anteojos protectores, botas o guantes de trabajo.

- Escriba las ideas ofrecidas.

Antes de hacer la transición a las áreas de interés, hable de los vehículos de construcción disponibles en el área de arena y agua y mencione cómo pueden usarlos.

Hora de escoger

Al interactuar con los niños en las áreas de interés, dedique tiempo a:

- Escribir lo que dicen y hacen los niños en las áreas de interés.

- Hacerles preguntas acerca de los vehículos de construcción disponibles en el área de arena y agua, p. ej., "¿Cómo funciona el frente del montacargas? ¿Qué vehículo creen que usarían los constructores para nivelar el piso antes de construir la casa?"

Para obtener ideas sobre cómo apoyar a los niños que tienen dificultad para jugar con los demás, consulte Enseñanza Intencional SE14, "Jugar juntos".

Lectura en voz alta

Lea el cuento *Los tres pequeños jabalíes.*

- Consulte Hablemos de Libros 19, *Los tres pequeños jabalíes*, y siga la orientación ofrecida para realizar la primera lectura en voz alta.

Grupos pequeños

Opción 1: Trenes hechos con cubos

- Consulte Enseñanza Intencional M40, "Trenes hechos con cubos", y siga la orientación ofrecida en la tarjeta.

Opción 2: Movimientos para crear patrones

- Consulte Enseñanza Intencional M35, "Movimientos para crear patrones", y siga la orientación ofrecida en la tarjeta.

Para obtener más información sobre cómo ayudar a los niños a aprender sobre patrones, consulte *El Currículo Creativo para educación preescolar, Volumen 4: Matemáticas*

Mega Minutos

- Use Mega Minutos 59, "Marca el ritmo".

Reunión final

- Recuerde los eventos del día.

- Invite a los niños que hayan jugado con los vehículos de construcción en el área de arena y agua a compartir con el grupo lo que hayan descubierto.

Investigación 3

¿De qué están hechos los edificios? ¿Qué los hace estables?

	Día 1	Día 2	Día 3
Áreas de interés	**Descubrimientos:** muestras de materiales de construcción, p. ej., ladrillo, madera, acero, bloques de concreto; lupas **Computadoras:** la versión electrónica de *Construimos de la A a la Z*	**Juguetes y juegos:** colecciones de muestras p. ej., tarjetas con muestras de pintura, muestras de alfombras y baldosas	**Arte:** palitos planos; arcilla para moldear **Computadoras:** la versión electrónica de *Construimos de la A a la Z*
Pregunta del día	¿Qué pueden hacer con esto? (Muestre unos cuantos materiales de construcción).	¿De qué creen que están hechos la mayoría de los edificios que veremos hoy? (Muestre unos cuantos materiales de construcción distintos).	¿Qué casa es más estable? (Muestre imágenes de tres casas distintas: una hecha de paja, una hecha de palos y otra hecha de ladrillos).
Todo el grupo	**Canción:** "Rebota, pelota" **Comentarios y escritura compartida:** ¿De qué están hechos los edificios? **Materiales:** Mega Minutos 43, "Rebota, pelota"; muestras de materiales de construcción; *Construimos de la A a la Z*	**Juego:** Alrededor de las figuras **Comentarios y escritura compartida:** Prepararse para visitar un sitio **Materiales:** Mega Minutos 52, "Alrededor de las figuras"; tarjetas de letras o de figuras; fotos de edificios del vecindario; materiales de construcción	**Movimiento:** La bamba **Comentarios y escritura compartida:** Edificios estables **Materiales:** Mega Minutos 72, "La bamba"
Lectura en voz alta	*Los tres pequeños jabalíes* Hablemos de Libros 19 (segunda lectura en voz alta)	*Construir una casa*	*Construimos de la A a la Z*
Grupos pequeños	**Opción 1: Tableros para hacer figuras** Enseñanza Intencional M21, "Tableros para hacer figuras"; tableros para hacer figuras; tarjetas de figuras; ligas de caucho **Opción 2: Hacer figuras** Enseñanza Intencional M42, "Hacer figuras"; figuras geométricas; popotes de varios tamaños; limpia-pipas; papel; lápices o crayones	**Opción 1: ¿Qué podemos construir juntos?** Enseñanza Intencional SE25, "¿Qué podemos construir juntos?"; bloques de construcción **Opción 2: ¿Qué podemos construir juntos? Sonidos de la construcción** Enseñanza Intencional SE25, "¿Qué podemos construir juntos?"; bloques de construcción; varios materiales de construcción	**Opción 1: ¿En cuál figura estoy pensando?** Enseñanza Intencional M20, "¿En cuál figura estoy pensando?"; figuras geométricas; recipientes vacíos que tengan forma geométrica **Opción 2: Armar figuras** Enseñanza Intencional M30, "Armar figuras"; cartulina o papel grueso; bloques de atributos; tres recipientes para usar como baúles con tesoros; cajón o ponchera con arena; brochas pequeñas; libro sobre un tesoro (opcional)
Mega Minutos	Mega Minutos 58 "Cucú, cucú"	Mega Minutos 19, "Veo, veo con mis binóculos"	Mega Minutos 50, "1, 2, 3, ¿qué es lo que ves?"; una canasta pequeña de artículos relacionados con los edificios; pañuelo o un pedazo de tela

Día 4	Día 5	Dedique tiempo para…
Bloques: bloques unitarios; otros materiales para construir **Descubrimientos:** casas de palitos hechas el día anterior en el área del arte	**Bloques:** cajas grandes; cinta de enmascarar	
¿Este edificio es sólido? (Con bloques, muestre una torre alta).	¿Podemos hacer un edificio con esto? (Muestre una caja de cartón).	
Movimiento: Un círculo es fácil **Comentarios y escritura compartida:** Edificios sólidos **Materiales:** Mega Minutos 20, "Un círculo es fácil"; bloques pequeños; notas autoadhesivas; crayones	**Poema:** "Tan alto como yo" **Comentarios y escritura compartida:** Edificios de cartón **Materiales:** Mega Minutos 49, "Lo mismo que yo"; cajas grandes de cartón	
Los tres pequeños jabalíes Hablemos de Libros 19 (tercera lectura en voz alta)	*Construir una casa*	
Opción 1: ¿A cuál recipiente le cabe más? Enseñanza Intencional M32, "¿A cuál recipiente le cabe más?"; mesa de arena o poncheras; recipientes de plástico de varios tamaños; embudo; papel; marcador; vaso de papel; taza de medir o lata **Opción 2: Recubrir espacios** Enseñanza Intencional M34, "Recubrir espacios"; cinta de enmascarar; imágenes y muestras de varios recubrimientos para suelo; bloques	**Option 1: Trabalenguas** Enseñanza Intencional LL16, "Trabalenguas" **Opción 2: Clasificar sonidos** Enseñanza Intencional LL12, "Clasificar sonidos"; objetos cuyos nombres comiencen con el sonido /b/; caja de cartón	
Mega Minutos 50, "1, 2, 3, ¿qué es lo que ves?"; una canasta pequeña de artículos relacionados con los edificios; pañuelo o un pedazo de tela	Mega Minutos 13, "Simón dice"	

Dedique tiempo para…

Experiencias al aire libre

Continuar observando la sombra de un edificio

- Invite a los niños a observar la sombra de la escuela a una hora diferente de la observación realizada la semana anterior.
- Pídales que tracen el contorno de la sombra con la tiza.
- Repitan la actividad varios días a diferentes horas.
- Comenten cómo el tamaño y la posición de la sombra se diferencian de los observados antes.

Ejercicio divertido

- Consulte Enseñanza Intencional P22, "Seguir al líder" y siga la orientación ofrecida en la tarjeta.

Colaboración con las familias

- Pida a las familias que traigan cajas vacías grandes para que los niños las usen al final de la investigación para construir edificios.

Experiencias sorprendentes

- Día 2: Caminar alrededor del vecindario para investigar los materiales usados en la construcción de edificios vecinos e identificar algún posible problema.

¿De qué están hechos los edificios? ¿Qué los hace estables?

Vocabulario

Consulte Hablemos de Libros 19, *Los tres pequeños jabalíes* (*The Three Little Javelinas*).

Todo el grupo

Rutina inicial

- Canten una bienvenida y hablen de quiénes están presentes.

Canción: "Rebota, pelota"

- Use Mega Minutos 43, "Rebota, pelota".

- Haga la variación que está en el reverso de la tarjeta, usando acciones relacionadas con los edificios.

Comentarios y escritura compartida: ¿De qué están hechos los edificios?

- Repase la pregunta del día.

- Muestre los materiales de construcción que estarán disponibles en el área de descubrimientos.

- Hable de cada material mientras lo pasa para que lo exploren.

- Invíteles a comprobar la resistencia de los materiales de distintas maneras como doblándolos, estirándolos o parándose encima.

- Explique, "Los edificios están hechos de muchos materiales distintos".

- Lea de nuevo *Construimos de la A a la Z*. Dirija la atención de los niños a los distintos materiales de construcción. Escriba los nombres de los materiales mientras los lee.

Antes de hacer la transición a las áreas de interés, hable de los materiales de construcción disponibles en el área de los descubrimientos y mencione cómo podrían usarlos. Diga a los niños que la versión electrónica estará disponible en la computadora.

Hora de escoger

Al interactuar con los niños en las áreas de interés, dedique tiempo a:

- Hablar con los niños mientras exploran los materiales de construcción.

- Hacerles preguntas que les ayuden a considerar el uso del material y su resistencia.

- Anímarles a comprobar la resistencia de cada material.

Niños que aprenden una segunda lengua
Cuando considere que los niños están listos, anímeles a usar palabras en la lengua hablada en el salón para comunicarse en lugar de técnicas no verbales. Por ejemplo, si un niño le pide en forma no verbal que tome una herramienta de un estante, señale el estante y pregunte, "¿Quieres algo de este estante? ¿Un martillo?" Si están listos, los niños comenzarán a usar palabras o frases para comunicar sus necesidades.

Lectura en voz alta

Lea el cuento *Los tres pequeños jabalíes.*

- Use Hablemos de Libros 19, *Los tres pequeños jabalíes*, y siga la orientación ofrecida para realizar la segunda lectura en voz alta.

Grupos pequeños

Opción 1: Tableros para hacer figuras

- Consulte Enseñanza Intencional M21, "Tableros para hacer figuras", y siga la orientación ofrecida en la tarjeta.

Opción 2: Hacer figuras

- Consulte Enseñanza Intencional M42, "Hacer figuras", y siga la orientación ofrecida en la tarjeta.

Mega Minutos

- Use Mega Minutos 60, "El baile de nombres". Haga la variación de la supresión de sílabas, que está en el reverso de la tarjeta.

Reunión final

- Recuerde los eventos del día.
- Invite a los niños que hayan explorado materiales de construcción en el área de los descubrimientos a describirle al grupo sus hallazgos.
- Pregunte, "¿Con qué les gustaría construir edificios? ¿Con qué podemos construirlos? ¿Qué creen que haría estable un edificio, es decir, qué material usaríamos para que no se cayera?"
- Escriba las respuestas ofrecidas.

Trate de obtener la mayor cantidad posible de materiales que los niños hayan identificado. Tener una variedad de materiales de construcción les anima a pasar la semana construyendo y poniendo a prueba sus edificaciones. Sugiérales dibujar planos de sus edificios antes de empezar a construirlos. Documente sus descubrimientos con fotos y sus dibujos de lo observado.

¿De qué están hechos los edificios? ¿Qué los hace estables?

Vocabulario

Español: *cimientos, inspector(a) de edificios*

Inglés: *foundation, building inspector*

Todo el grupo

Rutina inicial

- Canten una bienvenida y hablen de quiénes están presentes.

Juego: Alrededor de las figuras

- Use Mega Minutos 52, "Alrededor de las figuras". Siga la orientación ofrecida en la tarjeta.

Comentarios y escritura compartida: Prepararse para visitar un sitio

- Repase la pregunta del día.

- Pase algunas de las fotos de edificios del vecindario tomadas durante la primera investigación.

- Invite a los niños a describir cómo es cada edificio y de qué está hecho.

- Pase los materiales de construcción de los que hablaron al responder a la pregunta del día.

- Pregunte, "¿Pueden decirme qué materiales se usaron para construir los edificios de las fotos? ¿Se usó alguno de estos materiales?"

- Escriba las respuestas ofrecidas.

- Explique, "Después de caminar por el vecindario hoy podremos ver si lo que pensamos era correcto".

- Introduzca la idea de la inspección de un edificio. Explique, "Los edificios a veces tienen problemas. El trabajo de un *inspector de edificios* es asegurarse de que un edificio se mantenga estable y seguro. Veamos si podemos identificar qué cosas revisaría un inspector de edificios".

- Consulte Enseñanza Intencional LL45, "Dibujos de lo observado".

> **Mientras caminan, ayude a los niños a identificar y a nombrar materiales de construcción como el asfalto, la madera, el ladrillo o las tejas. Señale los problemas si los niños no los notan con facilidad como pintura descascarada o ventanas rotas.**

Antes de hacer la transición a las áreas de interés, hable de las muestras de materiales de construcción como alfombra o baldosas disponibles en el área de juguetes y juegos y mencione cómo podrían usarlos. Muestre los materiales que haya reunido basándose en las sugerencias hechas durante la reunión final el día anterior. Agregue los materiales a un área de interés apropiada. Explique, "Ustedes podrán usar estos materiales para construir edificios y comprobar si son estables".

Hora de escoger

Al interactuar con los niños en las áreas de interés, dedique tiempo a:

- Hablar con los niños acerca de las muestras de materiales de construcción disponibles en el área de juguetes y juegos.

- Usar un vocabulario rico al describir las texturas, estilos y diseños de los materiales. Diga, p. ej., "Esta alfombra se siente sedosa" o "Este mosaico tiene un patrón de cuadros".

Lectura en voz alta

Lea el cuento *Construir una casa*.

- **Antes de leer**, pregunte, "¿Qué recuerdan de este libro?"

- **Mientras lee**, agregue detalles al texto en cada página y use términos nuevos como *cimiento* para ampliar la información del libro. Diga, por ejemplo, "El camión mezclador vierte el concreto.

Este será el *cimiento* del edificio. El *cimiento* ofrece un soporte estable sobre el cual construir".

- **Después de leer**, mire de nuevo varias páginas del libro con los niños. Mencione la variedad de materiales usados para construir el edificio y escríbalos.

Grupos pequeños

Opción 1: ¿Qué podemos construir juntos?

- Consulte Enseñanza Intencional SE25, "¿Qué podemos construir juntos?", y siga la orientación ofrecida en la tarjeta.

Opción 2: ¿Que podemos construir juntos? Sonidos de la construcción

- Consulte Enseñanza Intencional SE25, "¿Que podemos construir juntos?"

- Proporcione varios materiales de construcción. Siga la orientación ofrecida en la tarjeta.

Mega Minutos

- Use Mega Minutos 19, "Veo, veo con mis binóculos". Haga la variación de la figura, que está en el reverso de la tarjeta.

Reunión final

- Recuerde los eventos del día.

- Hablen de lo que hayan descubierto los niños cuando salieron a observar edificios ese día.

- Escriba las ideas ofrecidas.

- Invite a los niños a compartir sus dibujos de los observado.

Día 3 — Investigación 3

¿De qué están hechos los edificios? ¿Qué los hace estables?

Vocabulario

Español: *sólido, cimientos*

Inglés: *sturdy, foundation*

Todo el grupo

Rutina inicial

- Canten una bienvenida y hablen de quiénes están presentes.

Movimiento: La bamba

- Use Mega Minutos 72, "La bamba". Siga la orientación ofrecida en la tarjeta.

Comentarios y escritura compartida: Edificios estables

- Diga, "En nuestra salida a caminar ayer vimos muchos edificios estables y *sólidos* en nuestro vecindario". Recuérdeles el problema que afrontaron los cerditos en el cuento *Los tres cerditos*.

- Repase la pregunta del día.

- Pregúntese en voz alta, "¿Qué podrían haber hecho los dos primeros cerditos para que sus casas fueran más estables?"

- Escriba las ideas ofrecidas.

Antes de hacer la transición a las áreas de interés, hable de los palitos planos y la arcilla disponibles en el área del arte y mencione cómo podrían usarlas para construir una casa sólida hecha con palitos.

Hora de escoger

Al interactuar con los niños en las áreas de interés, dedique tiempo a:

- Hablar con los niños mientras construyen casas con palitos en el área del arte.

- Hacerles preguntas que les animen a describir su proceso mientras trabajan: "¿Por qué pusiste aquí este palito? ¿Qué le vas a agregar después? ¿Cómo vas a hacer para que tu edificio sea *sólido*?"

Niños que aprenden una segunda lengua
Tener conversaciones individualizadas en las que se le pregunta a un niño, por ejemplo, acerca del material elegido para construir, les facilita la comunicación a los niños que aprenden una segunda lengua porque el contexto es reducido. Este tipo de conversaciones también le servirá a usted para comprender lo que un niño está tratando de decir y le permitirá enseñarle vocabulario y conceptos específicos.

Lectura en voz alta

Lea el cuento *Construimos de la A a la Z*.

- **Antes de leer**, explique, "Para leer este libro hoy, necesito de su ayuda".

- **Mientras lee**, anime a los niños a nombrar las letras y cualquier palabra que recuerden del libro.

- **Después de leer**, vuelvan a mirar las páginas del libro y diga los nombres de los niños en las páginas que correspondan a la primera letra de su nombre. Por ejemplo, diga "*Abraham* y *Alana* comienzan con la letra A". Diga a los niños que la versión electrónica estará disponible en la computadora.

Grupos pequeños

Opción 1: ¿En cuál figura estoy pensando?

- Consulte Enseñanza Intencional M20, "¿En cuál figura estoy pensando?", y siga la orientación ofrecida en la tarjeta.

Opción 2: Hacer figuras

- Consulte Enseñanza Intencional M30, "Hacer figuras", y siga la orientación ofrecida en la tarjeta.

Mega Minutos

- Use Mega Minutos 50, "1, 2, 3 ¿qué es lo que ves?" Siga la orientación ofrecida en la tarjeta.

Reunión final

- Recuerde los eventos del día.

- Invite a los niños que hayan construido casas con palitos en el área del arte a compartir sus trabajos con el grupo.

- Pregunte, "¿Cómo podemos comprobar si estos edificios son *sólidos*?"

- Escriba las ideas ofrecidas.

- Diga, "Mañana usaremos algunas de estas ideas para poner a prueba sus edificios en el área de descubrimientos".

¿De qué están hechos los edificios? ¿Qué los hace estables?

Vocabulario

Español: *sólido*

Inglés: *sturdy*

Consulte vocabulario adicional en Hablemos de Libros 19, *Los tres pequeños jabalíes* (*The Three Little Javelinas*).

Todo el grupo

Rutina inicial

- Canten una bienvenida y hablen de quiénes están presentes.

Movimiento: Un círculo es fácil

- Use Mega Minutos 20, "Un círculo es fácil". Siga la orientación ofrecida en la tarjeta.

Comentarios y escritura compartida: Edificios sólidos

- Repase la pregunta del día.

- Comience apilando bloques pequeños. Pregunte, "¿Cuántos bloques podemos usar para construir una torre antes de que se caiga?"

- Pida a los niños que escriban sus predicciones en notas autoadhesivas o que hagan predicciones en grupo.

- Cuenten los bloques mientras los apilan.

- Después de que se caigan, diga, "Veo que están construyendo muchos edificios altos. Los edificios altos son difíciles de construir porque es necesario hacerlos *sólidos* para que no se caigan".

- Pregunte, "¿Qué edificios altos han visto? ¿Por qué son estables?" Escriba las respuestas ofrecidas.

Antes de hacer la transición a las áreas de interés, diga, "Hoy vamos a experimentar en el área de bloques con lo que hace *sólidos* nuestros edificios de bloques". Repase las ideas generadas por los niños el día anterior para verificar la estabilidad de sus casas de palitos. Invite a los niños que expresan interés a poner a prueba sus casas en el área de los descubrimientos.

Hora de escoger

Al interactuar con los niños en las áreas de interés, dedique tiempo a:

- Hablar con los niños mientras construyen en el área de bloques.

- Invitarles a ensayar distintas técnicas de construcción. Pregunte, "¿Qué hará *sólido* el edificio?"

- Animarles a verificar la estabilidad de sus casas hechas con palitos en el área de los descubrimientos, haciendo predicciones y comprobándolas.

Lectura en voz alta

Lea el cuento *Los tres pequeños jabalíes.*

- Use Hablemos de Libros 19, *Los tres pequeños jabalíes* y siga la orientación ofrecida para realizar la tercera lectura en voz alta.

Grupos pequeños

Opción 1: ¿A cuál recipiente le cabe más?

- Consulte Enseñanza Intencional M32, "¿A cuál recipiente le cabe más?", y siga la orientación ofrecida en la tarjeta.

Opción 2: Recubrir espacios

- Consulte Enseñanza Intencional M34, "Recubrir espacios", y siga la orientación ofrecida en la tarjeta.

Mega Minutos

- Use Mega Minutos 50, "1, 2, 3, ¿qué es lo que ves?" Siga la orientación ofrecida en la tarjeta.

Reunión final

- Recuerde los eventos del día.

- Invite a los niños que hayan trabajado en el área de bloques durante la hora de escoger actividades a compartir con el grupo lo que hayan descubierto acerca de cómo construir estructuras sólidas.

- Pregunte, "¿Cuáles son las reglas para hacer construcciones *sólidas*?"

- Escriba las respuestas ofrecidas, que podrían incluir, "Colocar los bloques grandes en la base y los bloques pequeños encima" y "Hacer la construcción más ancha abajo que arriba".

Investigación 3

¿De qué están hechos los edificios? ¿Qué los hace estables?

Vocabulario

Español: *características*

Inglés: *characteristics*

Todo el grupo

Rutina inicial

- Canten una bienvenida y hablen de quiénes están presentes.

Poema: "Tan alto como yo"

- Use Mega Minutos 49, "Lo mismo que yo".

- Siga la orientación ofrecida en la tarjeta y sustituya la palabra *árbol* por *edificio*.

- Invite a los niños a saltar o a tocar partes diferentes de su cuerpo mientras se lee cada palabra, creando un patrón de movimiento A-B-C-D para las oraciones de cuatro palabras, por ejemplo, para *este*, tóquense los pies; para *edificio*, tóquense las rodillas; para *es*, tóquense los hombros; y para *alto*, tóquense la cabeza.

> Animar a los niños a hacer un movimiento por cada palabra les ayuda a dividir la oración en palabras individuales.

Comentarios y escritura compartida: Edificios de cartón

- Repase lo que descubrieron los niños acerca de los materiales usados para hacer construcciones estables y sólidas.

- Muéstreles unas cuantas cajas grandes de cartón.

- Repase la pregunta del día.

- Diga, "Cuando vi estas cajas de cartón pensé que sería divertido usarlas para construir edificios en nuestro salón, pero necesito de su ayuda".

- Pregunte, "¿Cómo podemos usar estas cajas para hacer un edificio sólido de mentira?"

- Escriba las ideas ofrecidas por los niños.

Antes de hacer la transición a las áreas de interés, hable de las cajas grandes y la cinta de enmascarar disponibles en el área de bloques y mencione cómo podrían usarlas para hacer construcciones.

Hora de escoger

Al interactuar con los niños en las áreas de interés, dedique tiempo a:

- Invitar a los niños a hacer comentarios o dibujar un plano de un edificio antes de comenzar a construirlo con las cajas y la cinta de enmascarar.

- Si es necesario, ayudar a los niños a recortar agujeros en las cajas para hacer las puertas y ventanas.

- Comentar las *características* de los edificios de los niños.

Lectura en voz alta

Lea el cuento *Construir una casa.*

- **Antes de leer**, recuerde a los niños que en este libro se describen los pasos para construir una casa.

- **Mientras lee**, invítelos a comparar los pasos en el libro con el proceso que usaron ellos para hacer construcciones con las cajas de cartón.

- **Después de leer**, pregunte, "¿Qué hicieron los trabajadores para asegurarse de que la casa que construyeron fuera sólida?"

Grupos pequeños

Opción 1: Trabalenguas

- Consulte Enseñanza Intencional LL16, "Trabalenguas".

- Siga la orientación ofrecida en la tarjeta usando el siguiente trabalenguas:

  Trabajadores tenaces trasladan tablones, tarugos y tarimas hasta el techo del edificio.

Opción 2: Clasificar sonidos

- Consulte Enseñanza Intencional LL12, "Clasificar sonidos".

- Siga la orientación ofrecida en la tarjeta usando objetos que comiencen con el sonido /b/.

Niños que aprenden una segunda lengua
Los niños que están aprendiendo una lengua nueva podrían tener dificultad pronunciando trabalenguas con sonidos que no existen en la lengua que se habla en sus hogares. A medida que los niños aprendan a reproducir sonidos específicos de la lengua nueva, acepte y reconozca sus intentos sin corregirlos. Sin embargo, continúe modelando la pronunciación correcta. Si usted puede, invente un trabalenguas con un sonido inicial que los niños puedan pronunciar con facilidad.

Mega Minutos

- Use Mega Minutos 13, "Simón dice".

- Siga la orientación ofrecida en la tarjeta usando las características de los objetos, p. ej. diga, "Toquen algo de color verde (o alto, o resistente)".

Reunión final

- Recuerde los eventos del día.

- Repase el sonido /b/ e invite a los niños a decir palabras que comiencen con ese sonido.

Investigación 4

¿Por qué nuestro edificio es especial?

	Día 1	**Día 2**
Áreas de interés	**Arte:** cajas pequeñas de cartón; cajas de leche vacías; papel de construcción; pintura; cinta adhesiva; pegamento; tijeras; mapa del vecindario de Investigación 1	**Arte:** cajas pequeñas de cartón; cajas de leche vacías; papel de construcción; pintura; cinta adhesiva; pegamento; tijeras; mapa del vecindario de Investigación 1
Pregunta del día	¿Cuántos salones hay en nuestra escuela?	¿Dónde está *esto* en nuestra escuela? (Muestre una foto de lo que visitarán hoy.)
Todo el grupo	**Juego:** Caliente o frío figuras 3D **Comentarios y escritura compartida:** Nuestro edificio escolar **Materiales:** Mega Minutos 22, "Caliente o frío figuras 3D"; varias figuras tridimensionales; hojas de conteo; fotos de edificios en el vecindario	**Juego:** Adivina, adivinanza, ¿qué cosa es? **Comentarios y escritura compartida:** Prepararse para visitar un sitio **Materiales:** Mega Minutos 61, "Adivina, adivinanza, ¿qué cosa es?"; Enseñanza Intencional LL45, "Dibujos de lo observado"
Lectura en voz alta	*¡La verdadera historia de los tres cerditos!* Hablemos de Libros 22 (primera lectura en voz alta)	*Cambios, cambios* bloques para construir
Grupos pequeños	**Opción 1: Letras hechas con palitos** Enseñanza Intencional LL28, "Letras hechas con palitos"; palitos o varitas; tarjetas del alfabeto **Opción 2: Caminar por las letras** Enseñanza Intencional LL17, "Caminar por las letras"; cinta de enmascarar; tarjetas o cuadro del alfabeto	**Opción 1: La longitud y la anchura** Enseñanza Intencional M25, "La longitud y la anchura"; pedazos de cuerda o cinta de la misma anchura pero diferente longitud; recipiente **Opción 2: Alinear objetos** Enseñanza Intencional M31, "Alinear objetos"; grupo de objetos para ordenar por tamaño
Mega Minutos	Mega Minutos 53, "Yo tenía cinco perritos"	Mega Minutos 04, "Rima, rima, ma, me, mi"

Arte: cajas pequeñas de cartón; cajas de leche vacías; papel de construcción; pintura; cinta adhesiva; pegamento; tijeras; mapa del vecindario de Investigación 1

¿Qué desearían preguntarle hoy a la persona visitante?

Juego: Marca el ritmo

Comentarios y escritura compartida: Entrevistar a un(a) experto(a)

Materiales: Mega Minutos 59, "Marca el ritmo"; varios fotos o accessorios relacionados a los edificios

¡La verdadera historia de los tres cerditos! Hablemos de Libros 22 (segunda lectura en voz alta)

Opción 1: Conocer a nuestros amigos

Enseñanza Intencional LL30, "Para conocer a nuestros amigos"; tarjetas de los nombres de los niños; tablero de fieltro; sujetapapeles grande o Velcro®

Opción 2: ¿Qué vamos a merendar?

Enseñanza Intencional LL25, "¿Qué vamos a merendar?"; etiquetas de alimentos; papel grande o cartulina; marcador; recetas en tarjetas o en un cuadro

Mega Minutos 07, "Alabío, alabao, ¿cuántos son?"

Dedique tiempo para...

Experiencias al aire libre

Ejercicio divertido

- Consulte Enseñanza Intencional P17, "Equilibrarse sobre una viga", y siga la orientación ofrecida en la tarjeta.

Colaboración con las familias

- Invite a los parientes de los niños a acompañar al grupo en la visita al edificio del vecindario mientras exploran la pregunta de investigación para el día 2.

Experiencias sorprendentes

- Día 1: Caminar por el edificio escolar para llevar la cuenta de distintos tipos de salones

- Día 2: Investigar en detalle una característica interesante de la escuela como las escaleras, el elevador, la salida de incendios, la entrada o el gimnasio

- Día 3: La visita de alguien que ayude a mantener el edificio, como una persona que trabaje en mantenimiento, un(a) electricista o un(a) trabajador(a) de oficios varios

¿Por qué nuestro edificio es especial?

Vocabulario

Español: *modelo*

Inglés: *model*

Consulte vocabulario adicional en Hablemos de Libros 22,
¡La verdadera historia de los tres cerditos! (The True Story of the 3 Little Pigs!).

Todo el grupo

Rutina inicial

- Canten una bienvenida y hablen de quiénes están presentes.

Juego: Caliente o frío figuras 3D

- Use Mega Minutos 22, "Caliente o frío figuras 3D". Siga la orientación ofrecida en la tarjeta.

Comentarios y escritura compartida: Nuestro edificio escolar

- Explique, "Ahora sabemos mucho acerca de la manera como son hechos los edificios. Examinemos ahora de cerca el edificio de nuestra escuela".

- Repase la pregunta del día.

- Pregunte, "¿Qué clase de salones hay en nuestro edificio escolar?"

- Escriba las respuestas ofrecidas.

- Explique, "Hoy caminaremos por nuestra escuela y contaremos las distintas clases de salones que encontremos".

> **Prepare hojas de conteo para que los niños las usen escribiendo el número de salones distintos que encuentren en la escuela.**

Antes de hacer la transición a las áreas de interés, mire algunas de las fotos de edificios del vecindario tomadas durante el estudio. Recuérdeles las observaciones interesantes que ellos hayan hecho acerca de los edificios mientras exploraban otras preguntas de investigación. Explique, "Vamos a trabajar en el área del arte durante los próximos días para hacer un *modelo* de nuestro vecindario". Hable de los materiales de construcción de cartón disponibles en el área del arte y mencione cómo podrían usarlos para hacer modelos de los edificios del vecindario.

Hora de escoger

Al interactuar con los niños en las áreas de interés, dedique tiempo a:

- Invitar a los niños a mirar el mapa del vecindario que hizo para la Investigación 1.

- Invitar a los niños a elegir una foto de un edificio del vecindario que les gustaría recrear.

- Preguntar, "¿Qué pueden decirme del edificio en la foto que eligieron? ¿Qué les gusta de ese edificio? ¿Qué materiales van a usar para hacer un *modelo* de ese edificio?"

Lectura en voz alta

Lea el cuento *¡La verdadera historia de los tres cerditos!*

- Use Hablemos de Libros 22, *¡La verdadera historia de los tres cerditos!*. Siga la orientación ofrecida para realizar la primera lectura en voz alta.

Grupos pequeños

Opción 1: Letras hechas con palitos

- Consulte Enseñanza Intencional LL28, "Letras hechas con palitos", y siga la orientación ofrecida en la tarjeta.

Opción 2: Caminar por las letras

- Consulte Enseñanza Intencional LL17, "Caminar por las letras", y siga la orientación ofrecida en la tarjeta.

Mega Minutos

- Use Mega Minutos 53, "Yo tenía cinco perritos". Siga la orientación ofrecida en la tarjeta.

Reunión final

- Recuerde los eventos del día.
- Hable de la salida a caminar por la escuela que realizaron hoy.
- Repase la pregunta del día. Compare las predicciones de los niños con el número de salones contados cuando caminaron.
- Use un diagrama de Venn para mostrar las habitaciones que se pueden encontrar en una casa y en una escuela. Identifique en las dos edificaciones, las habitaciones que sean iguales o únicas. Por ejemplo, en ambos lugares se puede encontrar un baño, mientras que un dormitorio se encuentra en una casa y una oficina de conserje se encuentra en una escuela.

Un diagrama de Venn es un dibujo que muestra relaciones entre conjuntos. El diagrama a menudo muestra dos o más círculos que se cruzan. El área sombreada, donde los círculos están unos sobre otros muestra características que los conjuntos tienen en común.

¿Por qué nuestro edificio es especial?

Vocabulario

Español: *característica*

Inglés: *feature*

Todo el grupo

Rutina inicial

- Canten una bienvenida y hablen de quiénes están presentes.

Juego: Adivina, adivinanza, ¿qué cosa es?

- Use Mega Minutos 61, "Adivina, adivinanza, ¿qué cosa es?"

- Siga la orientación ofrecida en la tarjeta y describa distintas herramientas y equipos de construcción.

Comentarios y escritura compartida: Prepararse para visitar un sitio

- Revise lo que descubrieron juntos cuando caminaron el día anterior por la escuela.

- Repase la pregunta del día.

- Haga preguntas para generar comentarios acerca de la característica especial que van a estudiar ese día, por ejemplo, "¿Para qué se usa? ¿En qué otros edificios han visto algo así?"

- Escriba las respuestas ofrecidas.

- Consulte Enseñanza Intencional LL45, "Dibujos de lo observado", y siga la orientación ofrecida en la tarjeta, animando a los niños a dibujar lo que observen al visitar el lugar.

> **Mientras investiga la característica especial durante la visita al sitio, invite a los niños a hacer hipótesis sobre cómo fueron construidas distintas partes. Pregunte, "¿Cómo creen que los constructores hicieron los espacios para las puertas?, ¿las esquinas?, ¿las líneas curvas?"**

Antes de hacer la transición a las áreas de interés, hable de los materiales disponibles en el área del arte y mencione cómo podrían usarlos para construir modelos de edificios del vecindario.

Hora de escoger

Al interactuar con los niños en las áreas de interés, dedique tiempo a:

- Invitar a los niños a volver a mirar las fotos de los edificios que eligieron a medida que trabajan.

- Hacer preguntas que los estimulen a notar en las fotos detalles específicos de los edificios.

Lectura en voz alta

Lea el cuento *Cambios, cambios.*

- **Antes de leer**, pídales que trabajen en parejas. Déle a cada pareja un conjunto de bloques para construir.

- **Mientras lee**, haga pausas de vez en cuando y sugiera que construyan las distintas estructuras que aparecen en el cuento.

- **Después de leer**, hable con los niños acerca del incendio en el cuento. Pregunte, "¿Ustedes saben qué nos ayudaría a nosotros y a nuestro edificio a estar fuera de peligro si hubiera un incendio?" Señale las medidas de seguridad contra incendios que haya en su salón, como un plan de evacuación, un extinguidor de incendios, una alarma de incendios, un detector de humo y un rociador de agua.

Grupos pequeños

Opción 1: La longitud y la anchura

- Consulte Enseñanza Intencional M25, "La longitud y la anchura", y siga la orientación ofrecida en la tarjeta.

Opción 2: Alinear objetos

- Consulte Enseñanza Intencional M31, "Alinear objetos", y siga la orientación ofrecida en la tarjeta.

Mega Minutos

- Use Mega Minutos 04, "Rima, rima, ma, me, mi".

- Haga la variación de saltar la sílaba que está en el reverso.

Reunión final

- Recuerde los eventos del día.

- Hable de lo que observaron hoy en la escuela. Pregunte, "¿Qué notaron acerca de la característica especial de nuestra escuela?"

- Escriba las observaciones ofrecidas.

- Invíteles a compartir sus dibujos de lo observado.

- Dígales que al día siguiente alguien visitará el salón para hablarles de las maneras en que ayuda a cuidar de la escuela.

- Pregunte, "¿Qué les gustaría preguntarle mañana a la persona visitante?"

- Escriba las preguntas ofrecidas.

¿Por qué nuestro edificio es especial?

Vocabulario

Consulte la tarjeta Hablemos de Libros 22, *¡La verdadera historia de los tres cerditos! (The True Story of the 3 Little Pigs!)*.

Todo el grupo

Rutina inicial

- Canten una bienvenida y hablen de quiénes están presentes.

Juego: Marca el ritmo

- Use Mega Minutos 59, "Marca el ritmo". Siga la orientación ofrecida en la tarjeta.

Comentarios y escritura compartida: Entrevistar a un(a) experto(a)

- Presente a la persona visitante.

- Invítele a hablar de lo que hace para mantener la escuela o para reparar los edificios, como una ventana rota, una llave de agua que gotea, los clavos flojos o la pintura descascarada.

- Anímeles a los niños a hacer las preguntas formuladas el día anterior durante la reunión final y al responder hoy a la pregunta del día.

- Invite a la persona visitante a reparar algo en el salón. Si no es necesario reparar nada, pídale mostrar qué haría en caso de un problema específico. Pregunte, por ejemplo, "¿Podría mostrarnos qué haría usted si gotea la llave del agua? ¿Qué herramientas usaría? ¿Qué miraría primero?"

Antes de hacer la transición a las áreas de interés, hable de los materiales disponibles en el área del arte y mencione cómo podrían usarlos para construir modelos de los edificios del vecindario. Anímeles a mirar de nuevo los dibujos de lo observado hechos el día anterior. Sugiérales buscar materiales en el salón que se puedan usar para construir lo que hayan hecho en sus dibujos de lo observado.

Hora de escoger

Al interactuar con los niños en las áreas de interés, dedique tiempo a:

- Invitarles a que le ayuden a exhibir el modelo de los edificios del vecindario que hayan hecho en el área del arte.

- Recordarles que tienen un mapa del vecindario. Explique, "Podemos usar el mapa para decidir dónde poner los edificios en nuestra exhibición".

- Invitarles a agregar otras características a la exhibición, como calles, parques y señales del tráfico.

Niños que aprenden una segunda lengua
Si los niños están comenzando a hablar usando oraciones, no les corrija la gramática. Modele para todos los niños el uso correcto de la segunda lengua. Por ejemplo, si alguien dice, "Ellos va a la tienda", usted podría hacer una pregunta para estimular los comentarios. Diga, "Ellos van a la tienda. ¿Qué van a comprar?"

Lectura en voz alta

Lea el cuento *¡La verdadera historia de los tres cerditos!*

- Use Hablemos de Libros 22, *¡La verdadera historia de los tres cerditos!*, y siga la orientación ofrecida para realizar la segunda lectura en voz alta.

Grupos pequeños

Opción 1: Conocer a nuestros amigos

- Consulte Enseñanza Intencional LL30, "Para conocer a nuestros amigos", y siga la orientación ofrecida en la tarjeta.

Opción 2: ¿Qué vamos a merendar?

- Consulte Enseñanza Intencional LL25, "¿Qué vamos a merendar?", y siga la orientación ofrecida en la tarjeta.

Mega Minutos

- Use Mega Minutos 07, "Alabío, alabao ¿cuántos son?" Siga la orientación ofrecida en la tarjeta.

Reunión final

- Recuerde los eventos del día.
- Invite a los niños que hayan ayudado a exhibir el modelo del vecindario en el área del arte, a compartir con el grupo alguna característica especial que hayan agregado.

- Escriba una nota de agradecimiento junto con los niños para el invitado que habló sobre la reparación de edificios. Invite a los niños a poner su nombre y a agregar dibujos a la nota.

Investigación 5

¿Qué ocurre en los edificios?

	Día 1	Día 2	Día 3
Áreas de interés	**Arena y agua:** moldes y recipientes para moldear arena mojada **Computadoras:** la versión electrónica de *Edificios, edificios*	**Arena y agua:** moldes y recipientes adicionales para moldear arena mojada	**Descubrimientos:** tuercas y tornillos
Pregunta del día	¿Qué creen ustedes que hace la gente en este edificio? (Muestre una imagen de un edificio interesante).	¿Qué desean preguntarle hoy a la persona visitante?	¿Ven alguna letra que reconozcan en el aviso de este edificio? (Muestre una imagen del aviso de un edificio).
Todo el grupo	**Canción:** "La, la, la" **Comentarios y escritura compartida:** ¿Qué ocurre allí? **Materiales:** Mega Minutos 100, "La, la, la"; imágenes del exterior de edificios; imágen de un edificio en el vecindario	**Juego:** Patrones de niños **Comentarios y escritura compartida:** Entrevista a un(a) vecino(a) **Materiales:** Mega Minutos 65, "Patrones de niños"; imagen de un edificio en el vecindario	**Canción:** "Tu vecindario" **Comentarios y escritura compartida:** Prepararse para visitar un sitio **Materiales:** Mega Minutos 01, "La gente de tu vecindario"; foto del edificio que van a ver hoy en el vecindario
Lectura en voz alta	*Edificios, edificios*	*¡La verdadera historia de los tres cerditos!* Hablemos de Libros 22 (tercera lectura en voz alta)	*La vasija que Juan fabricó*
Grupos pequeños	**Opción 1: Números secretos** Enseñanza Intencional M37, "Números secretos"; dos juegos de tarjetas de cantidades, tarjetas de números y cantidades, o tarjetas de números **Opción 2: Hacer números** Enseñanza Intencional M41, "Hacer números"; *Cuenta, cuenta*; plastilina; tarjetas de números y cantidades	**Opción 1: Patrones** Enseñanza Intencional M14, "Patrones"; un grupo de objetos para ordenar en patrones; ejemplos de patrones; papel de construcción **Opción 2: Patrones tapados** Enseñanza Intencional M38, "Patrones tapados"; fichas para contar de distintos colores; vaso de papel; separador de cartón	**Opción 1: Jugar con lo impreso** Enseñanza Intencional LL23, "Jugar con lo impreso"; material impreso variado; fotos de letreros en caminos o en almacenes **Opción 2: Hacer parejas con cupones** Enseñanza Intencional LL22, "Hacer parejas con cupones"; etiquetas o recipientes vacíos de productos comerciales; cupones laminados que correspondan a esos productos; bolsa de compras; sobre
Mega Minutos	Mega Minutos 59, "Marca el ritmo"; varios artículos o fotos relacionados con los edificios	Mega Minutos 55, "Sr. Olvidadizo"	Mega Minutos 36, "Patrones con el cuerpo"

Día 4	Día 5	Dedique tiempo para…
Juego dramático: accesorios que reflejen el interior del edificio visitado en el vecindario **Computadoras:** la versión electrónica de *Edificios, edificios*	**Juego dramático:** accesorios que reflejen el interior del edificio visitado en el vecindario **Computadoras:** la versión electrónica de *Los tres cerditos*	### Experiencias al aire libre **Ejercicio divertido** - Consulte Enseñanza Intencional P14, "Moviéndonos por el bosque", y siga la orientación ofrecida en la tarjeta.
¿Qué creen ustedes que hace la gente en este edificio? (Muestre una imagen de un edificio, como un lavadero de autos con un aviso que indique lo que ocurre allí).	¿Qué libro les gustaría leer hoy? (Muestre las tres versiones del cuento de los tres cerditos).	### Colaboración con las familias - Invite a las familias a participar en la celebración al final del estudio. - Envíe al hogar una carta que explique en qué consiste el evento y haga una lista de las ideas que los niños tienen para reparar cosas en el edificio escolar.
Movimiento: Contar ejercicios **Comentarios y escritura compartida:** Avisos en edificios **Materiales:** Mega Minutos 28, "Contar ejercicios"; varias fotos de señales de edificios que dan pistas de qué pasa en los edificios	**Movimiento:** ¡Bailemos juntos! **Comentarios y escritura compartida:** Tres versiones del mismo cuento **Materiales:** Mega Minutos 30, "¡Bailemos juntos!"; *Los tres cerditos, Los tres pequeños jabalíes* y *¡La verdadera historia de los tres cerditos!*	### Experiencias sorprendentes - Día 2: Visita de alguien que sepa acerca de un edificio del vecindario - Día 3: Visita a un sitio para mirar por dentro otro edificio del vecindario y aprender qué hace la gente allí
Edificios, edificios	*Los tres cerditos, Los tres pequeños jabalíes* o *¡La verdadera historia de los tres cerditos!*	
Opción 1: Hacer libros Enseñanza Intencional LL04, "Hacer libros"; imágenes de edificios; cartulina; papel; lápices, crayones o marcadores; implementos de encuadernación **Opción 2: Hacer libros en la computadora** Enseñanza Intencional LL02, "Hacer libros en la computadora"; imágenes de edificios interesantes; cámara digital; computadora con procesador de palabras; el banco individual de palabras de cada niño; impresora, tinta y papel; hoja para firmar; implementos de encuadernación	**Opción 1: Hacer libros** Enseñanza Intencional LL04, "Hacer libros"; imágenes de edificios; cartulina; papel; lápices, crayones o marcadores; implementos de encuadernación **Opción 2: Hacer libros en la computadora** Enseñanza Intencional LL02, "Hacer libros en la computadora"; imágenes de edificios; cámara digital; computadora; el banco individual de palabras de cada niño; impresora, tinta y papel; hoja para firmar; implementos de encuadernación	
Mega Minutos 36, "Patrones con el cuerpo"	Mega Minutos 38, "Allá en la fuente"	

¿Qué ocurre en los edificios?

Vocabulario

Español: *sustituir*

Inglés: *substitute*

Todo el grupo

Rutina inicial

- Canten una bienvenida y hablen de quiénes están presentes.

Canción: "La, la, la"

- Use Mega Minutos 100, "La, la, la", y siga la orientación ofrecida en la tarjeta.

- Explique, "Vamos a *sustituir* las palabras de una canción por *la, la, la*".

Comentarios y escritura compartida: ¿Qué ocurre allí?

- Repase la pregunta del día.

- Muestre a los niños varias imágenes del exterior de varios edificios.

- Elija una de ellas y pregunte, "¿Qué creen ustedes que ocurre dentro de este edificio?"

- Escriba las respuestas ofrecidas.

- Muestre una imagen de un edificio del vecindario.

- Pregunte, "¿Qué creen ustedes que ocurre en este edificio?"

- Escriba las respuestas ofrecidas.

- Explique, "Mañana vendrá un visitante. Es alguien que sabe acerca de este edificio y va a venir a conversar con nosotros. Luego podremos confirmar si lo que pensamos acerca de lo que ocurre en ese edificio era correcto".

Antes de hacer la transición a las áreas de interés, hable de los moldes y los recipientes disponibles en el área de arena y agua y mencione cómo podrían usarlos.

Hora de escoger

Al interactuar con los niños en las áreas de interés, dedique tiempo a:

- Observar a los niños mientras trabajan con los moldes y los recipientes en el área de arena y agua.

- Hacer preguntas para animarles a pensar en las diferencias entre construir con arena mojada y construir con arena seca.

> **Para obtener más información sobre cómo ayudar a los niños a tomar decisiones apropiadas durante la hora de escoger actividades, consulte Enseñanza Intencional SE15, "Elegir entre opciones".**

Lectura en voz alta

Lea el cuento *Edificios, edificios*

- **Antes de leer**, pregunte, "¿De qué se trataba este libro?"

- **Mientras lee**, haga pausas para hablar de lo que ocurre en el edificio.

- **Después de leer**, repase las imágenes en el libro semejantes a los edificios del vecindario. Diga a los niños que la versión electrónica estará disponible en la computadora.

Grupos pequeños

Opción 1: Números secretos

- Consulte Enseñanza Intencional M37, "Números secretos", y siga la orientación ofrecida en la tarjeta.

Opción 2: Hacer números

- Consulte Enseñanza Intencional M41, "Hacer números", y siga la orientación ofrecida en la tarjeta usando *Cuenta, cuenta*.

Mega Minutos

- Use Mega Minutos 59, "Marca el ritmo". Siga la orientación ofrecida en la tarjeta.

Reunión final

- Recuerde los eventos del día.

- Muestre la imagen del edificio del vecindario del cual hablaron durante el periodo con todo el grupo.

- Recuerde que una persona vendrá a visitar la clase al día siguiente.

- Pregunte, "¿Qué desearían preguntarle acerca del edificio en esta imagen?"

- Escriba las respuestas ofrecidas.

¿Qué ocurre en los edificios?

Vocabulario

Consulte Hablemos de Libros 22, *¡La verdadera historia de los tres cerditos! (The True Story of the 3 Little Pigs!)*.

Todo el grupo

Rutina inicial

- Canten una bienvenida y hablen de quiénes están presentes.

Juego: Patrones de niños

- Use Mega Minutos 65, "Patrones de niños".

Comentarios y escritura compartida: Entrevista a un(a) vecino(a)

- Muestre la imagen del edificio del vecindario que usaron el día anterior en el periodo con todo el grupo.

- Recuerde las predicciones hechas acerca de lo que ocurre en ese edificio.

- Presente a la persona visitante que sabe acerca de ese edificio.

- Invite a la persona a describir lo que ocurre en el edificio.

- Invite a los niños a hacerle las preguntas formuladas el día anterior durante la reunión final.

- Escriba las respuestas del visitante.

Antes de hacer la transición a las áreas de interés, hable de los moldes y recipientes disponibles en el área de arena y agua y mencione cómo podrían usarlas.

> **Al agregar nuevos moldes y recipientes al área de arena y agua, asegúrese de retirar otros accesorios. Tener demasiados accesorios en el área puede interferir con el juego de los niños.**

Hora de escoger

Al interactuar con los niños en las áreas de interés, dedique tiempo a:

- Hacer preguntas para estimular el razonamiento y resolución de problemas, p. ej., "¿Por qué esa torre de arena aún está de pié mientras que la otra se derrumbó? ¿Por qué decidiste agregarle primero más agua a tu balde? ¿Hay alguna manera de hacer más alto ese edificio de arena?"

Lectura en voz alta

Lea el cuento *¡La verdadera historia de los tres cerditos!*

- Use Hablemos de Libros 22, *¡La verdadera historia de los tres cerditos!*, y siga la orientación ofrecida para realizar la tercera lectura en voz alta.

Grupos pequeños

Opción 1: Patrones

- Consulte Enseñanza Intencional M14, "Patrones", y siga la orientación ofrecida en la tarjeta.

Opción 2: Patrones tapados

- Consulte Enseñanza Intencional M38, "Patrones tapados", y siga la orientación ofrecida en la tarjeta.

Mega Minutos

- Use Mega Minutos 55, "Sr. Olvidadizo". Siga la orientación ofrecida en la tarjeta.

Reunión final

- Recuerde los eventos del día.
- Escriba una nota de agradecimiento del grupo al vecino que visitó la clase. Invite a los niños a hacer dibujos y escribir sus nombres en la nota.
- Explique, "La semana que viene tendremos una celebración para compartir con nuestras familias y amigos lo que hemos aprendido acerca de los edificios. Durante nuestra celebración realizaremos trabajos en la escuela para ayudar a cuidar nuestro edificio".
- Pregunte, "¿Qué creen que ustedes y nuestros invitados podrían hacer para cuidar de nuestro edificio durante nuestra celebración?" Las respuestas podrían incluir: "arreglar un poste roto de una cerca; lavar las paredes en el patio de juego; recoger la basura de la escuela; barrer las aceras"; etc.
- Escriba una lista de las respuestas ofrecidas por los niños y guárdela para la celebración.

Envíe una carta a las familias e incluya la lista que crearon los niños. Pida voluntarios para que ayuden en proyectos específicos o que donen materiales necesarios. Asegúrese de coordinar sus planes con la administración de la escuela y con el personal de custodia.

¿Qué ocurre en los edificios?

Vocabulario

Español: *alfarero*

Inglés: *potter*

Todo el grupo

Rutina inicial

- Canten una bienvenida y hablen de quiénes están presentes.

Canción: "Tu vecindario"

- Use Mega Minutos 01, "La gente de tu vecindario", y siga la orientación ofrecida en la tarjeta.

Comentarios y escritura compartida: Prepararse para visitar un sitio

- Reúnanse alrededor de los modelos que los niños crearon durante la última investigación de los edificios del vecindario.

- Invíteles a hablar de los edificios que conozcan.

- Muestre una imagen del edificio del vecindario que vayan a visitar ese día. Señale el modelo entre los edificios del vecindario exhibidos.

- Pregunte, "¿Qué pueden decirme acerca de este edificio?"

- Escriba las ideas ofrecidas.

- Explique, "Hoy visitaremos este edificio para saber qué ocurre adentro".

Antes de hacer la transición a las áreas de interés, hable de las tuercas y tornillos disponibles en el área de los descubrimientos y mencione cómo podrían usarlos.

Hora de escoger

Al interactuar con los niños en las áreas de interés, dedique tiempo a:

- Observar en el área de los descubrimientos, la habilidad que tienen para manipular las tuercas y tornillos.

- Escribir sus observaciones.

Lectura en voz alta

Lea *La vasija que Juan fabricó*.

- **Antes de leer**, diga a los niños el nombre del libro. Pregunte, "¿Cómo creen que Juan fabricará su vasija? ¿Qué materiales usará?".

- **Mientras lee**, Lea primero las páginas con texto que rima. Invite a los niños a decir la frase repetitiva "La hermosa vasija que Juan fabricó".

- **Después de leer**, recuerde las predicciones de los niños y comente si fueron correctas. Explique que este libro trata sobre una persona real, Juan Quezada, que es un alfarero que vive en México. Comparta brevemente cualquier información adicional de las páginas explicativas que le parezca interesante para los niños.

Grupos pequeños

Opción 1: Jugar con lo impreso

- Hable de la pregunta del día.

- Consulte Enseñanza Intencional LL23, "Jugar con lo impreso", y siga la orientación ofrecida en la tarjeta.

Opción 2: Hacer parejas con cupones

- Hable de la pregunta del día.

- Consulte Enseñanza Intencional LL22, "Hacer parejas con cupones", y siga la orientación ofrecida en la tarjeta.

- Explique el significado de la palabra *cupón*.

Niños que aprenden una segunda lengua
Incluya las lenguas que se hablan en los hogares de los niños a medida que reúne las muestras de material impreso. Esto ayuda a que los niños que están aprendiendo otra lengua se sientan orgullosos de sus familias y de su cultura. Además, ayuda a que los niños que ya hablan la lengua nueva vean que quienes están aprendiendo la lengua pueden participar en actividades.

Mega Minutos

- Use Mega Minutos 36, "Patrones con el cuerpo". Siga la orientación ofrecida en la tarjeta.

Reunión final

- Recuerde los eventos del día.

- Anime a los niños a hablar de la visita realizada ese día al edificio del vecindario.

- Escriba sus descubrimientos.

¿Qué ocurre en los edificios?

Vocabulario

Español: *indicio, calistenia*

Inglés: *clue, calisthenics*

Todo el grupo

Rutina inicial

- Canten una bienvenida y hablen de quiénes están presentes.

Movimiento: Contar ejercicios

- Use Mega Minutos 28, "Contar ejercicios", y siga la orientación ofrecida en la tarjeta.

- Introduzca la actividad explicando que *calistenia* es una palabra que significa *ejercicio*.

> Exponer a los niños a términos raros —los que por lo regular no se usan en las conversaciones cotidianas— es importante para desarrollar el vocabulario. Los niños entenderán algo del significado de la palabra con solo escucharlo a usted cuando la usa en conversaciones informales. Ayudar a los niños a desarrollar un vocabulario amplio en los años preescolares contribuye a que mejoren su comprensión lectora más adelante.

Comentarios y escritura compartida: Avisos en edificios

- Explique, "Muchos edificios tienen señales que nos dan *pistas* o *indicios* de lo que ocurre allí".

- Repase la pregunta del día.

- Muestre otras imágenes de avisos ilustrados que ofrezcan pistas.

- Invite a los niños a leer los anuncios y adivinar lo que ocurre en esos edificios.

- Escriba las ideas ofrecidas.

- Ofrezca apoyo cuando sea necesario, p. ej., "Este cartel tiene un pan. Tiene dos palabras: Panadería Becket. Sí. La *Panadería Becket* vende pan. *Panadería* es la primera palabra de este cartel".

Niños que aprenden una segunda lengua
Deles tiempo para que puedan procesar el lenguaje, la información, las ideas y expresarse. Esta estrategia apoya a todos los niños, pero es especialmente útil con los niños que están aprendiendo una segunda lengua.

Antes de hacer la transición a las áreas de interés, hable de los accesorios disponibles en el área de juego dramático que reflejan el interior del edificio que visitaron y mencione cómo podrían usarlos.

Hora de escoger

Al interactuar con los niños en las áreas de interés, dedique tiempo a:

- Observar cómo usan los accesorios en el área de juego dramático.

- Comentar o hacer preguntas acerca de lo que vea, por ejemplo, "Veo que estás organizando una florería, como la que hay en nuestro vecindario. ¿Qué clase de flores vas a vender?"

> **Cuando usted habla con los niños acerca de lo que están haciendo, los hace más conscientes de su juego dramático.**

Lectura en voz alta

Lea el cuento *Edificios, edificios.*

- **Antes de leer**, pregunte, "¿Qué recuerdan sobre los edificios que aparecen en este libro?"

- **Mientras lee**, haga pausas para hablar de los detalles en las imágenes.

- **Después de leer**, hable de los edificios que aparecen al final del libro. Sugiérales que describan lo que ocurre en los edificios ilustrados.

Grupos pequeños

Opción 1: Hacer libros

- Reúna algunas imágenes de edificios.

- Muestre una de ellas.

- Pregunte, "¿Qué creen que ocurre dentro de este edificio?"

- Si los niños no se sienten a gusto adivinando, haga una predicción graciosa, por ejemplo, "Este edificio tiene dos círculos grandes encima que me recuerdan una bicicleta. Por eso creo que es una fábrica donde se hacen llantas para bicicletas gigantes".

- Consulte Enseñanza Intencional LL04, "Hacer libros", y siga la orientación ofrecida en la tarjeta para que los niños hagan un libro con las ideas del grupo.

Opción 2: Hacer libros en la computadora

- Reúna algunas imágenes de edificios.

- Muestre una de ellas.

- Pregunte, "¿Qué creen que ocurre en este edificio?"

- Si los niños no se sienten a gusto adivinando, haga una predicción graciosa, por ejemplo, "Este edificio tiene dos círculos grandes encima que me recuerdan una bicicleta. Por eso creo que es una fábrica donde se hacen llantas para bicicletas gigantes".

- Consulte Enseñanza Intencional LL02, "Hacer libros en la computadora", y siga la orientación ofrecida en la tarjeta para que los niños hagan un libro con las ideas del grupo.

Mega Minutos

- Use Mega Minutos 36, "Patrones con el cuerpo". Siga la orientación ofrecida en la tarjeta, aumentando la dificultad de lo que hicieron el día anterior, cuando sea apropiado.

Reunión final

- Recuerde los eventos del día.

- Invite a los niños que hayan trabajado con accesorios en el área de juego dramático a compartir con el grupo lo que hicieron hoy.

Investigación 5

¿Qué ocurre en los edificios?

Vocabulario

Español: versión

Inglés: *version*

Todo el grupo

Rutina inicial

- Canten una bienvenida y hablen de quiénes están presentes.

Movimiento: ¡Bailemos juntos!

- Use Mega Minutos 30, "¡Bailemos juntos!" Siga la orientación ofrecida en la tarjeta.

Comentarios y escritura compartida: Tres versiones de la misma historia

- Muestre los libros *Los tres cerditos*, *Los tres pequeños jabalíes* y *¡La verdadera historia de los tres cerditos!*

- Explique, "Todos estos libros cuentan el cuento de los tres cerditos. Estos libros cuentan tres *versiones* del mismo cuento".

- Pregunte, "¿En qué se parecen las tres *versiones*? ¿En qué se diferencian?"

- Escriba las respuestas ofrecidas.

Comparar distintas versiones del mismo cuento les permite los niños a usar destrezas de razonamiento, lenguaje y lectoescritura de alto nivel.

Antes de hacer la transición a las áreas de interés, hable de los accesorios disponibles en el área de juego dramático que reflejan la parte interior del edificio visitado y mencione cómo podrían usarlos.

Niños que aprenden una segunda lengua

Para los niños que aún no hablan la segunda lengua, el juego dramático es la actividad más difícil y que les exige más esfuerzo en el salón de clase. Durante la hora de escoger actividades usted puede ayudar a los niños que están aprendiendo una segunda lengua, orientando las interacciones en el área de juego dramático.

Hora de escoger

Al interactuar con los niños en las áreas de interés, dedique tiempo a:

- Observar a los niños mientras usan los accesorios en el área de juego dramático.

- Ofrecer ideas y objetos para ampliar su juego, como materiales para hacer avisos para el edificio o adhesivos para usar como etiquetas de precios.

Presentar a los niños accesorios nuevos es más eficaz cuando se seleccionan en relación con un tema que ya les interesa o que ya están estudiando. Así, son más dados a trabajar juntos y a compartir sus experiencias para crear sus propias escenas de juego dramático.

Lectura en voz alta

Lea los libros *Los tres cerditos*, *Los tres pequeños jabalíes*, o *¡La verdadera historia de los tres cerditos!*

- **Antes de leer**, hable de la pregunta del día. Luego lea el libro que haya recibido más votos.

- **Mientras lee**, haga pausas para animar a los niños a relatar de nuevo partes del cuento y completarlo con el texto conocido.

- **Después de leer**, si tiene tiempo, lea la versión que haya salido segunda en la votación.

Grupos pequeños

Opción 1: Hacer libros

- Reúna varias imágenes de edificios.

- Muestre una imagen.

- Pregunte, "¿Qué creen que ocurre en este edificio?"

- Si los niños no se sienten a gusto adivinando, haga una predicción graciosa, por ejemplo, "Este edificio tiene dos círculos grandes encima que me recuerdan una bicicleta. Por eso creo que es una fábrica donde se hacen llantas para bicicletas gigantes".

- Consulte Enseñanza Intencional LL04, "Hacer libros", y siga la orientación ofrecida en la tarjeta para que los niños hagan un libro con las ideas del grupo.

Opción 2: Hacer libros en la computadora

- Reúna algunas imágenes de edificios.

- Muestre una de ellas.

- Pregunte, "¿Qué creen que ocurre en este edificio?"

- Si los niños no se sienten a gusto adivinando, haga una predicción graciosa, por ejemplo, "Este edificio tiene dos círculos grandes encima que me recuerdan una bicicleta. Por eso creo que es una fábrica donde se hacen llantas para bicicletas gigantes".

- Consulte Enseñanza Intencional LL02, "Hacer libros en la computadora", y siga la orientación ofrecida en la tarjeta para que los niños hagan un libro con las ideas del grupo.

Mega Minutos

- Use Mega Minutos 38, "Allá en la fuente". Siga la orientación ofrecida en la tarjeta.

Reunión final

- Recuerde los eventos del día.

- Comparta con todo el grupo el libro de la clase creado durante los últimos dos días.

Preguntas adicionales para investigar

Si los niños aún expresan interés en este estudio y desean averiguar más, usted podría investigar preguntas adicionales como las siguientes:

- ¿Qué puedo averiguar acerca de mi casa?

- ¿Cómo se construye el interior de los edificios?

- ¿Por qué algunos edificios tienen sótanos o bodegas?

- ¿Dónde consiguen los constructores lo necesario para construir los edificios?

- ¿Qué se necesita para pintar un edificio?

- ¿Qué ocurre cuando los edificios envejecen y comienzan a venirse abajo?

- ¿En qué se diferencian los edificios viejos de los nuevos?

- ¿Qué ocurre en el sitio de una construcción?

- ¿Cuáles son algunos de los edificios más pequeños y más grandes del mundo?

¿Hay preguntas adicionales que le servirían para ampliar este estudio?

Nuestra investigación

Nuestra investigación

	Día 1	Día 2	Día 3
Áreas de interés			
Pregunta del día			
Todo el grupo			
Lectura en voz alta			
Grupos pequeños			
Mega Minutos			

Día 4	Día 5	Dedique tiempo para...
		Experiencias al aire libre
		Colaboración con las familias
		Experiencias sorprendentes

Vocabulario

Español:

Inglés:

Todo el grupo

Hora de escoger

Lectura en
voz alta

Grupos
pequeños

Mega Minutos

Reunión final

Celebración de lo aprendido

Para finalizar el estudio

Cuando termine el estudio —cuando se haya respondido a la mayoría de las preguntas de los niños— será importante hacer tiempo para reflexionar y celebrar. Planee una manera especial de celebrar lo que hayan aprendido y logrado. Permita que los niños asuman tanta responsabilidad como puedan para planear las actividades. A continuación se ofrecen unas cuantas sugerencias:

- Pídales que trabajen juntos para planear y construir una réplica de un edificio usando cartón. Esta estructura podría ser el edificio escolar.

- Convierta su salón en un "Museo de edificios", donde los niños podrían ser los "guías" que orienten a los visitantes a través de los exhibido y de las construcciones creadas.

- Hagan una visita final a un edificio especial como la alcaldía o un sitio histórico. Otra alternativa sería visitar el lugar donde haya una construcción.

- Invite a un(a) carpintero(a) o a alguien que trabaje en carpintería y desee venir a ayudar a los niños a construir edificios pequeños de madera para llevar a casa.

- Hagan un libro de la clase, un álbum de fotos o un panel para documentar el trabajo de los niños durante el estudio de los edificios.

- Organice un "Día especial para cuidar de nuestros edificios". Reclute voluntarios que ayuden a grupos pequeños de niños a limpiar, barrer, lavar, cepillar u organizar varias partes de su edificio.

En las siguientes páginas se ofrecen planes diarios para dos días de celebración. Agregue sus ideas y las de los niños para celebrar su aprendizaje.

Celebración de lo aprendido

	Día 1	Día 2
Áreas de interés	**Todas:** Organice exhibiciones para compartir lo que los niños hayan aprendido durante el estudio de los edificios **Computadoras:** la versión electrónica de *Cuenta, cuenta*	**Todas:** Comparta lo exhibido con los parientes de los niños **Computadoras:** la versión electrónica de *Edificios, edificios*
Pregunta del día	¿Qué desean mostrarles a nuestros invitados mañana en la celebración del estudio de los edificios?	¿Qué les gustó más del estudio: construir edificios en nuestro salón o aprender acerca de los edificios en nuestro vecindario?
Todo el grupo	**Canción:** "Tin tan, tin tan" **Comentarios y escritura compartida:** Prepararse para la celebración **Materiales:** Mega Minutos 24, "Tin tan, tin tan"; tarjetas de letras; lista de ideas creada durante la reunión final el día 2 de la Investigación 5; lista ¿Qué queremos averiguar acerca de los edificios?; Enseñanza Intencional LL26, "Búsqueda en Internet"; una computadora	**Juego:** Palabras en movimiento **Comentarios y escritura compartida:** Cuidar nuestro edificio **Materiales:** Mega Minutos 10, "Palabras en movimiento"; lista de ideas creada durante la reunión final el día 2 de la Investigación 5
Lectura en voz alta	*Cuenta, cuenta*	*Edificios, edificios*
Grupos pequeños	**Opción 1: Escribir poemas** Enseñanza Intencional LL27, "Escribir poemas"; imágenes de edificios; papel y lápices; una grabadora **Opción 2: Escribir poemas** Enseñanza Intencional LL27, "Escribir poemas"; salir al aire libre; papel y lápices; una grabadora	**Opción 1: Salsa** Enseñanza Intencional LL36, "Salsa" (Consulte en la tarjeta el equipo, la receta y los ingredientes). **Opción 2: Rollos** Enseñanza Intencional LL37, "Rollos" (Consulte en la tarjeta el equipo, la receta y los ingredientes).
Mega Minutos	Mega Minutos 04, "Rima, rima, ma, me, mi"	Mega Minutos 33, "Arriba y abajo"; un artículo conocido del salón que sea una figura bidimensional o tridimensional

Experiencias al aire libre

Ejercicio divertido

- Consulte Enseñanza Intencional P22,
  "Seguir al líder", y siga la orientación ofrecida
  en la tarjeta.

Colaboración con las familias

- Incluya a las familias en la celebración del estudio
  los edificios.

Experiencias sorprendentes

- Día 2: Celebración del estudio de los edificios

Celebración de lo aprendido

Planeemos nuestra celebración

Vocabulario

Español: *fiesta o celebración*

Inglés: *celebration*

Todo el grupo

Rutina inicial

- Canten una bienvenida y hablen de quiénes están presentes.

Canción: "Tin tan, tin tan"

- Use Mega Minutos 24, "Tin tan, tin tan". Haga la variación de la tarjeta de la letra que está en el reverso.

Comentarios y escritura compartida: Preparse para la celebración

- Hable de la celebración del día siguiente. Recuerde a los niños que ellos ayudarán a cuidar del edificio escolar.

- Repase la lista de ideas que los niños generaron durante la reunión final el día 2 de la Investigación 5.

- Hable de qué trabajos podrán realizar los niños y los invitados.

- Hable de la pregunta del día. Haga una lista con las respuestas ofrecidas.

- Repase la lista titulada "¿Qué queremos averiguar acerca de los edificios?" hecha durante la exploración del tema.

- Mencione cómo los niños pueden usar Internet y libros en el área de biblioteca para investigar cualquier pregunta que no hayan respondido.

Antes de hacer la transición a las áreas de interés, mencione que usted les va a ayudar a reunir los objetos de la lista necesarios para hacer la exhibición para la familia y los amigos en la celebración del día siguiente.

Hora de escoger

Al interactuar con los niños en las áreas de interés, dedique tiempo a:

- Ayudar a los niños a reunir los objetos que les gustaría compartir en la celebración.

- Ayudarles a investigar en Internet y en libros para encontrar respuestas a sus preguntas.

Consulte Enseñanza Intencional LL26, "Búsqueda en Internet", para guiarse en cómo ayudar a los niños con su investigación.

Lectura en voz alta

Lea el cuento *Cuenta, cuenta*.

- **Antes de leer**, pregunte, "¿Qué recuerdan de este libro? ¿Por qué creen que se llama *Cuenta, cuenta*?"

- **Mientras lee**, antes de dar vuelta a la página, pregunte a los niños qué número habrá en cada una. Pregunte, ¿Ven en esta página cosas que no contamos cuando leímos este libro antes?".

- **Después de leer**, pregunte, "Si seguimos contando después del 10, ¿qué más podríamos agregar a este vecindario?". Diga a los niños que la versión electrónica estará disponible en la computadora.

Grupos pequeños

Opción 1: Escribir poemas

- Consulte Enseñanza Intencional LL27, "Escribir poemas", y siga la orientación ofrecida en la tarjeta.

- Use las imágenes de la exhibición de edificios en el área de bloques para guiar a los niños en la escritura de poemas.

Opción 2: Escribir poemas

- Consulte Enseñanza Intencional LL27, "Escribir poemas", y siga la orientación ofrecida en la tarjeta.

- Lleve a los niños al aire libre para que miren edificios. Anímeles a usar lo que vean como inspiración para sus poemas.

Mega Minutos

- Use Mega Minutos 04, "Rima, rima, ma, me, mi". Haga la variación de contar que está en el reverso de la tarjeta.

Reunión final

- Recuerden los eventos del día.

- Recuerde a los niños que al día siguiente van a participar en una celebración especial.

Celebración de lo aprendido

¡A celebrar!

Vocabulario

Español: *comparar*

Inglés: *compare*

Todo el grupo

Rutina inicial

- Canten una bienvenida y hablen de quiénes están presentes.

- Pregunta del día: ¿Qué parte del estudio les gustó más: construir edificios en nuestro salón o aprender acerca de los edificios en nuestro vecindario?

Juego: Palabras en movimiento

- Use Mega Minutos 10, "Palabras en movimiento". Siga la orientación ofrecida en la tarjeta.

Comentarios y escritura compartida: Cuidar nuestro edificio

- Hable de la pregunta del día.

- Invite a los niños a compartir entre ellos y con los invitados lo que más les haya gustado del estudio.

- Explique, "En nuestro estudio hemos aprendido mucho acerca de los edificios. Para celebrar lo aprendido pensamos que sería una buena idea hacer algo para cuidar de nuestro edificio".

- Lea de nuevo la lista de ideas para cuidar del edificio generada durante la reunión final el día 2 de la Investigación 5.

- Agregue cualquier idea sugerida por las familias.

Antes de hacer la transición a las áreas de interés, hable sobre la exhibición que han organizado en el salón para mostrar lo que los niños aprendieron. Invite a los niños y las familias a ayudar a cuidar del edificio durante la hora de escoger actividades.

Hora de escoger

Al interactuar con los niños en las áreas de interés, dedique tiempo a:

- Animar a los niños a explicarles a los visitantes lo que han aprendido acerca de los edificios. Pídales que usen las exhibiciones para orientarse.

- Ayudar a los niños y a las familias cuando estén reparando el edificio escolar.

Lectura en voz alta

Lea el cuento *Edificios, edificios.*

- **Antes de leer**, pregunte, "¿Pueden ayudarme a leer el nombre de este libro?"

- **Mientras lee**, invite a los niños a describir los edificios en el libro.

- **Después de leer**, anímelos a comparar los edificios en el libro con los que hayan explorado durante el estudio. Diga a los niños que la versión electrónica estará disponible en la computadora.

Grupos pequeños

Opción 1: Salsa

- Consulte Enseñanza Intencional LL36, "Salsa", y siga la orientación ofrecida en la tarjeta.

Opción 2: Rollos

- Consulte Enseñanza Intencional LL37, "Rollos", y siga la orientación ofrecida en la tarjeta.

> **Después de trabajar en el edificio escolar invite a las familias a disfrutar de una merienda que los niños ayuden a preparar.**

Mega Minutos

- Use Mega Minutos 33, "Arriba y abajo". Haga la variación de la figura, que está en el reverso de la tarjeta.

Reunión final

- Recuerden los eventos del día.

- Revise Enseñanza Intencional SE10, "Mi turno al micrófono" y siga la orientación en la tarjeta. Hable de cuánto han aprendido los niños durante el estudio.

Para reflexionar acerca del estudio

¿Qué partes del estudio fueron las que más
despertaron y mantuvieron el interés de los niños?

¿Hay otros temas que valga la pena investigar?

Si pudiera cambiar algo del estudio, ¿qué cambiaría?

Otras ideas y sugerencias que tengo:

Recursos

Información para los maestros

Las personas construyen edificios para refugiarse o protegerse de las fuerzas de la naturaleza y organizar y facilitar sus actividades. Un *edificio* es definido como "una estructura con un techo y paredes cuya finalidad es su uso permanente". Con esa definición en mente podemos explorar muchas clases de edificios.

El conocimiento que usted tenga acerca de los edificios le ayudará a identificar áreas para enfocarse con los niños. Visualice unos cuantos edificios en su comunidad y considere las siguientes preguntas:

- ¿Qué clase de cimiento tienen? ¿De concreto, piedra o postes?

- ¿Qué materiales son usados en las paredes exteriores? ¿Madera, ladrillo, acero, tablas de forro de plástico o aluminio, estuco, cemento, piedra?

- ¿Hay diferencias en la cantidad, la ubicación y los tipos de ventanas y puertas?

- ¿De qué colores son?

- ¿Cuántos pisos o niveles tienen los edificios?

- ¿Cómo se llega a los distintos niveles?

- ¿Cómo describiría usted los techos? ¿Inclinados, planos, en cúpula?

- ¿Qué materiales se usan para recubrir el techo?

- ¿Qué formas tienen los edificios?

- ¿Cuántos años tienen? ¿Cómo podemos saberlo?

- ¿Quién construyó los edificios?

- ¿Quién cuida de los edificios?

- ¿Cómo son usados los edificios? ¿Cómo comunican el propósito para el cual están hechos?

- ¿Alguna de las estructuras de los edificios parecen ajustarse a un uso específico?

Piense en el vocabulario que se usa para hablar de los edificios. Aunque los niños no aprendan ni usen todas estos términos, considere introducirlos cuando hable de los edificios.

construcción
estructura, estabilidad
diseño, plano
cimiento, pisos (niveles)
marco, clavo, madera
escaleras, balcón, corredor, terraza
chimenea
entrada, salida
viga
piso, techo
tubería, cables
ventana, puerta, borde, adorno
techo, tejas, pared
contratista, carpintero, arquitecto,
plomero, electricista
albañil, obrero, excavador
portero, ingeniero, inspector

¿Qué desea investigar como ayuda para entender este tema?

Libros de literatura infantil

Además de los libros para niños usados específicamente en esta *Guía de enseñanza,* quizás quiera complementar las actividades diarias y las áreas de interés con algunos de los libros para niños de la lista.

Abuela (Arthur Dorros)

El canto de las palomas/Calling the Dove (Juan Felipe Herrera)

Casas del mundo (Stephanie Ledu)

Construir (Philippe Baird)

Edificios de la granja (Lynn M. Stone)

Entonces y ahora – Edificaciones (Vicki Yates)

Esta casa está hecha de lodo/This House Is Made of Mud (Ken Buchanan)

Fantásticos vehículos para construcción (Bobbie Kalman)

Gigantes de hierro (Karen Wallace)

La casa de Tomasa (Phyllis Root)

Las formas en los edificios (Rebecca Rissman)

Máquinas poderosas (Holly Karaperkova)

Obrero de construcción (Heather Miller)

Rascacielos (Jason Cooper)

Recursos para los maestros

Los recursos para el maestro le proporcionan información e ideas adicionales para mejorar y ampliar el tema de estudio.

Diccionario visual Altea de arquitectura (Santillana)

Edificios asombrosos (Phillip Wilkinson)

Los túneles son redondos y otras preguntas sobre las construcciones (Steve Parker)

Obras de ingeniería (Phillip Wilkinson)

Plan semanal

Semana: ____________________ Maestro(a): ____________________ Estudio: ____________________

	lunes	martes	miércoles	jueves	viernes
Áreas de interés					
Todo el grupo					
Lectura en voz alta					
Grupos pequeños					

Experiencias al aire libre:

Colaboración con las familias:

Experiencias sorprendentes:

Plan semanal, continuación

Cosas para hacer:

Reflexionar sobre la semana:

Planeación individual para el niño